AF151708

MUCK CIHAK

UWE

EIN BUCH ÜBER DIE LIEBE –
UND VON JETZT AUF GLEICH
WAR ALLES ANDERS –
ABER DIE LIEBE BLEIBT …

novum ▲ pro

Dieses Buch ist auch als
e-book
erhältlich.

Bibliografische Information
der Deutschen Nationalbibliothek:

Die Deutsche Nationalbibliothek
verzeichnet diese Publikation in
der Deutschen Nationalbibliografie.
Detaillierte bibliografische Daten
sind im Internet über
http://www.d-nb.de abrufbar.

Gedruckt in der Europäischen Union
auf umweltfreundlichem, chlor- und
säurefrei gebleichtem Papier.

© 2024 novum Verlag

ISBN 978-3-99146-925-4
Lektorat: L. V. Bischof
Umschlag- & Innenabbildungen:
Muck Cihak
Umschlaggestaltung, Layout & Satz:
novum Verlag

www.novumverlag.com

Druckprodukt mit finanziellem
Klimabeitrag
ClimatePartner.com/16547-2311-1001

Inhaltsverzeichnis

Vorwort

Ich habe lange überlegt und mit mir gerungen. Soll ich ein Buch über unser kurzes Leben schreiben? Ist es richtig? Es ist ja auch sehr privat. Ich hatte jeden Tag seit deiner Erkrankung meine Gedanken und Gefühle aufgeschrieben. Ich schreibe schon seit meiner Kindheit. Ich habe schon immer eine Art Tagebuch geschrieben. Mir hat es immer geholfen, all das, was ich in meiner Kindheit und als Jugendliche erlebt habe, zu verarbeiten. Ich weiß nicht, wo ich heute wäre, wenn ich das nicht gemacht hätte.

Es war eine schwere Kindheit. Keine schöne. Aber darauf möchte ich hier und heute nicht eingehen.

Nun hatte ich viele Seiten vollgeschrieben. Mir hat es geholfen, mit besonderen Situationen besser umzugehen. Man ist viel allein. Die eigenen Kinder will man nicht immer belasten. Und Freunde haben sicher selbst mit der Situation zu kämpfen. Mit ihren eigenen Leben viel zu tun.

Ich habe das zumindest in meinem Leben erlebt, irgendwie das Leben allein zu meistern. Die eigenen Probleme zu lösen. Nicht andere um Hilfe zu bitten.

Aber auch darauf möchte ich gar nicht weiter eingehen. Aber vielleicht sind das alles Gründe, die mich dazu bringen zu schreiben.

Ich habe Uwes Schwester, den engsten Freunden und meinen Kindern davon erzählt, dass ich ein Buch über das Leben mit Uwe schreiben möchte, dass ich eigentlich schon alles aufgeschrieben habe. Ich müsste nur alles ins Reine schreiben.

Ich fing dann vor fast einem Jahr an. Ich fuhr dafür nach Dänemark. Mietete mir ein kleines Haus. Ich brauchte eine andere Umgebung, Zeit und Ruhe.

Ich habe in der Zeit viel geschrieben. Aber nicht alles. Es war nicht einfach. Meine Emotionen überwältigten mich und hinderten mich oft daran weiterzuschreiben.

Zu Hause nahm ich mir vor, das zu tun. Das gelang mir nur bedingt. Die Arbeit ließ mir wenig Zeit dafür.

Mir gelang es höchstens mal ein paar Zeilen zu schreiben. Da nun der sechste Todestag von Uwe näherkam, entschied ich mich, wieder nach Dänemark zu fahren. Ich mietete mir wieder für eine Woche ein Haus. Ich konnte mich erst schwer dazu zu bringen zu schreiben. Ich war müde und ziemlich urlaubsreif. Also schlief ich die ersten zwei Tage viel und ging am Strand spazieren.

Aber als ich am dritten Tag morgens aufstand, war es so weit. Ich schrieb und schrieb, bis ich fertig war.

Es war das letzte Kapitel und die Tage bis zur Beerdigung. Das war für mich nicht leicht. Die Erinnerungen waren so nah, als sei es erst vor Kurzem gewesen. Nicht doch schon sechs Jahre.

Wie die Zeit vergeht.

Ich hatte auch überlegt, schreibe ich ein Vorwort?

Was schreibt man da?

Ich lese viel, schon immer. Daher ist mir ein Vorwort natürlich nicht fremd.

Also schrieb ich nun auch ein Vorwort ...

Mir war einfach wichtig, nicht nur meine Gedanken und Gefühle aufzuschreiben. Auch ist mir wichtig, Leser, die in ähnlichen Situationen waren oder sind, meine Erfahrungen mitzuteilen. Vielleicht erkennt sich jemand wieder?

Ich überlege seit dieser Zeit, wie man jüngeren Menschen mit Behinderungen/Beeinträchtigungen besser helfen kann. Familien bessere Hilfen geben kann. Weniger unbürokratisch. Auch versuche ich seitdem Möglichkeiten zu finden, genau diesen Menschen menschenwürdigere Einrichtungen zu ermöglichen. Menschen mit Beeinträchtigungen, die noch zu jung sind, um in einer Pflegeeinrichtung das Leben mehr schlecht als recht zu beenden.

Eine Einrichtung, die diesen Menschen gerecht wird. Warum nicht Wohnungen, die behindertengerecht sind, wo sie auch allein und selbstbestimmt leben können. Ihren Bedürfnissen gerecht werden. Sie entsprechend gefördert werden. Altersgerecht und ihrem jetzigen Zustand entsprechend. Ich möchte nicht ungerecht sein. Natürlich weiß ich, dass es auch gute Einrichtungen gibt. Dass es großartige Pfleger*innen gibt, die alles geben, um diesen erkrankten Menschen ein einigermaßen lebenswertes Leben zu geben. Wir wissen alle, dass unser System, das nicht immer gewährleistet.

Betroffene Familien benötigen auch dringend mehr Hilfe. Die komplette Familie ist im Ausnahmezustand und muss sich dann auch um alles kümmern. Das darf und sollte nicht sein. Zumindest sollte es leichter sein.

Da ich selbst aus dem pädagogischen Bereich komme, wusste ich eher, wo ich Hilfe bekomme. Welche Wege ich gehen muss, wo ich finanzielle Hilfen bekomme und und und. Das ist überhaupt auch ein schwieriges Thema. Da ich gut verdiene und selbstständig bin, konnte ich vieles ermöglichen. Andere Familien vielleicht nicht. Das darf so nicht sein.

Wir brauchen unbedingt viel mehr Informationen und Hilfen.

Daran werde ich weiterarbeiten, versprochen.

Dieses Buch ist sicher sehr emotional und nicht immer leicht zu lesen.

Gerne stehe ich für ein Gespräch zur Verfügung.

Viel Vergnügen kann ich nicht wünschen, aber eventuell Inspirationen, Hilfen und ein Gefühl von Verständnis für alle, die in so einer Situation sind oder waren.

Ich freue mich auch über ein Feedback.

Kapitel 1

Uwe

Ich schaute mal wieder bei Facebook vorbei. Wie so oft. Da sah ich ein Auto, welches mich sofort an meine Kindheit erinnerte. Ein warmes Gefühl überkam mich und mein Opa und meine Oma waren sofort präsent. Die Zeit bei meinen Großeltern war eine schöne Zeit. Das erwähne ich, weil die Zeit bei meinen Eltern das ganze Gegenteil war. Aber das nur nebenbei. Das Auto war orange und hatte ein weißes Dach. Ein Audi 1000 S.

Der Mann daneben war auch interessant. Ich schrieb ihm an. Schnell antwortete er mir. Wir schrieben lange und dann telefonierten wir sogar. Das war am Mittwochabend.

Wir verabredeten uns für Freitag. Das ging alles sehr schnell, aber es fühlte sich richtig an.

Freitag war es so weit. Ich erzählte meiner Freundin von diesem Mann mit diesem tollen Auto. Sie war überrascht, dass ich mich so schnell auf ein Treffen eingelassen hatte. Ich auch ...

Wir waren zu dieser Zeit fast jeden Freitag im Musik-Garten-Lokal an der Elbe. Ich liebte diese Atmosphäre dort. Auch heute noch.

Wir waren Freunde und Bekannte und hatten eine ausgelassene Stimmung. Dann war es so weit. Ich sah das Auto. Auch andere Gäste. Dieses Auto erregte Aufmerksamkeit. Ich freute mich, aber etwas unangenehm war es schon.

Es stieg ein gutaussehender Mann aus. Das war er wirklich, genau wie das Bild bei Facebook.

Er kam auf uns zu. Mit einem großen bunten schönen Blumenstrauß. Seine Haare wehten. Er erinnerte mich an einen 80er Jahre Popper. Etwas gewöhnungsbedürftig. Ich begrüßte ihn und er setzte sich sofort zu uns. Alle Gäste sahen zu uns.

Ich wäre am liebsten im Erdboden versunken. Meine Freundin bemerkte das und ich bekam einen Tritt unter dem Tisch. Ich zweifelte, mag ich ihn? Oder interessierte mich nur das Auto? Schnell war er mittendrin in unserer Runde, lachte und wir unterhielten uns alle angeregt. Irgendwann fragte er mich, ob wir nicht mal etwas spazieren gehen könnten. Wieder traf mich ein Tritt unter dem Tisch. „Okay", sagte ich und wir gingen. Haben uns auf eine Bank in der Nähe gesetzt und unterhielten uns. Wir bekamen überhaupt nicht mit, wie die Zeit verging. Irgendwann wurde es hell und die Sonne ging auf. Ich sah mich um und war überrascht, dass niemand mehr da war. Auch meine Freunde nicht. Wir waren so mit uns beschäftigt, dass wir nicht mitbekamen, dass es nun schon 5 Uhr morgens war.

Uwe, so hieß er, meinte, dass er nun dringend losmüsste, da er seinen Laden öffnen muss. Uwe hatte ein Fahrradfachgeschäft in Mölln. Was untertrieben war, was ich später erfahren und gesehen habe.

Da wir fast den gleichen Weg hatten, fuhren wir gemeinsam los. Jeder mit seinem Auto. Ich sah mir das Auto genau an und war immer noch total begeistert. Fast wie ein Spielzeugauto.

Bei mir zu Hause angekommen, hielt Uwe an und meinte ein Kaffee wäre toll. Gesagt, getan. Wir tranken Kaffee. Aber Uwe musste nun wirklich los. Wir verabschiedeten uns. Ein wirklich magischer Moment. Kann das sein? Kann man sich tatsächlich so schnell verlieben? Liebe auf den ersten Blick? Ich habe nie daran geglaubt.

Ich hatte so viel Adrenalin in mir. Ich konnte nicht schlafen. Ich rief dann meine Nachbarin an, die auch eine liebe Freundin und Beraterin war. Wir haben schon einiges gemeinsam erlebt.

Sie war neugierig und kam am Nachmittag zu mir rüber. Wir tranken Kaffee und einen Sekt. Wir waren ausgelassen und lustig drauf.

Plötzlich kam ein Motorrad aufs Grundstück. Ein Mann mit Birkenstocksandalen und ohne Socken, aber mit Helm. Er stieg ab, es war Uwe. Er begrüßte uns und ging an uns vorbei. Ich war erstaunt und irritiert. „Wo willst du hin?", fragte ich. „Ich gehe in die Küche und koche!?"

Wir sahen uns an und lachten. Meine Nachbarin ging lachend nach Hause und wünschte uns viel Spaß.

Uwe machte wirklich ein Essen in meiner Küche. Es war ein total leckerer Salat mit allem, was man sich vorstellen kann. Ich konnte mich nicht erinnern, ob und wann das mal ein Mann für mich gemacht hat. Ich war überrascht und total überwältigt.

Wir genossen den Salat, uns ...

Uwe übernachtete das erste Mal bei mir. Ja stimmt, das war schnell, sehr schnell, aber absolut richtig. Alles fühlte sich komplett richtig an.

Okay, die Birkenstocksandalen waren gewöhnungsbedürftig, sehr ...

Später erfuhr ich, dass diese Sandalen zu Uwe gehörten wie das Salz in der Suppe. Ich habe in der ganzen Zeit noch viele solche Momente erlebt. Uwe war ein individueller Mann. Auf der einen Seite warm, herzlich und emotional. Auf der anderen Seite ein Geschäftsmann. Ein Mann. Ein Macher, ein Handwerker, ein Biker.

Das gesamte Paket machte es aus.

Wir telefonierten täglich, schrieben uns bei Facebook und sahen uns, wann immer wir es schafften. Da wir beide selbständig waren, war das nicht immer einfach. Aber uns war beiden auch wichtig, dass wir unsere Zeit hatten. Wir hatten beide beruflich viel zu tun, aber auch privat hatten wir beide viele Freundschaften, die wir pflegten.

Ja und dann war es so weit. Uwe war ein Macher, das merkte ich nun richtig.

Uwe kam mit einer großen Tasche, mit seinen persönlichen Dingen. Machte eine Seite vom Schrank frei und meinte, das wäre nun seine Schublade. So ging es täglich weiter. Zwei Wochen später brachte er Möbel mit. Uwe war eingezogen.

Denkt nun ja nicht, dass er das machen musste. Nein, Uwe hatte zwei Häuser, war finanziell unabhängig. Das kannte ich so auch nicht. Denn, wenn ich Männer kennengelernt hatte, war immer ich diejenige, die ihnen ausgeholfen hatte.

Wir räumten nun um und aus. Wir wohnten nun zusammen. Sehr intensiv wohnten wir zusammen.

Ich lernte schnell seine Familie und Freunde kennen. Wir fuhren gemeinsam zu Flohmärkten, was unser Hobby war. Wir verreisten nach Mannheim zum DKW-Oldtimer treffen. Machten dort eine Rallye mit und gewannen sogar. Wir fuhren nach Rügen auch zum DKW-Oldtimertreffen. Ich war noch nie auf Rügen und verliebte mich in diese Insel.

Wir fuhren zum Teilemarkt nach Mannheim und danach nach Kroatien. Wir erlebten einen unvergesslichen Urlaub. Wir lebten ein Leben auf der Überholspur. Ich lernte ein komplett neues Leben, neue Menschen und Freunde kennen. Wir liebten uns. Ja, wir stritten auch. Wir sind beide starke Charaktere. Aber ich war jeden einzelnen Tag dankbar und liebte diesen Mann. Das war meine schönste Zeit in meinem Leben. Natürlich nach meinen geliebten Kindern.

Ich könnte noch so viel über diese Zeit schreiben, aber dieses Buch hat einen ganz anderen Hintergrund. Ich habe sehr lange überlegt, ob ich darüber schreibe. Darf man über dieses Thema schreiben?

Heute Mittwoch, der 11.02.2015

Heute war ein besonderer Tag für uns. Ein weiterer Höhepunkt für uns beide. Wir wollten uns heute eine Harley-Davidson ansehen und kaufen. Uwe hatte sich schon vorweg informiert und wir fanden beide diese Harley super.

Gestern Abend rief mich Uwe gegen 23 Uhr an. Er war, wie immer am Dienstag beim Brink, sein Herrenabend mit seinen engsten Freunden. Dann kam Uwe nie nachhause und schlief in seinem Campingwagen auf dem nahegelegenen Campingplatz in Mölln.

Uwe meinte noch, bitte sei morgen pünktlich. Er wusste, warum er mich daran erinnerte. Ich war leider nicht immer pünktlich.

Wir wünschten uns eine gute Nacht. Das waren die letzten Worte, die ich von Uwe gehört habe, wenn ich das doch nur vorhergesehen hätte ...

Ich blieb zu Hause, damit ich auch wirklich pünktlich sein würde und wir schnell losfahren konnten. Uwe machte immer am Mittwoch seinen Laden spätestens um 13 Uhr zu. Also musste er ca. 13:30 Uhr bei uns sein.

Aber Uwe kam nicht. Uwe und nicht pünktlich? Aber nun gut, kann passieren. Es wurde 14 Uhr, 14:30 Uhr. Nun machte ich mir Sorgen. Ich konnte Uwe auch nicht erreichen. Auch im Laden nicht.

Ich dachte noch, er ist eventuell mit dem Auto liegengeblieben. Ich fuhr los, um Uwe entgegenzufahren. Vielleicht sehe ich ihn und kann helfen.

Aber auf der ganzen Strecke war Uwe nicht zu sehen. Ich wurde immer unruhiger und mein Magen krampfte. Ich fuhr in den Laden. Aber alles war dunkel. Der Briefkasten wurde nicht geleert und Pakete lagen vor der Tür. Uwe war nicht im Laden. Wo war er?

Ich fuhr zum Campingplatz. Ich sah sofort seinen Bus auf dem Parkplatz. Aber von Uwe war nichts zu sehen.

Ich ging zum Campingwagen. Er war verschlossen. Ich frage den Nachbarn, ob er Uwe gesehen hätte. Aber er verneinte das. Mir war so, als hörte ich etwas, ein Geräusch im Wagen. Ich rief immer wieder: „Uwe, bitte mach auf!" Aber nichts passierte. Wir versuchten die Tür aufzumachen oder irgendwie in den Campingwagen zu kommen. Vergeblich ...

Ich rief Lars an und erzählte ihm von der Situation. Lars lächelte und meinte: „Ach was, mach dir keine Gedanken, er ist bestimmt irgendwo unterwegs." Ich erzählte Lars von unserem Vorhaben heute. Lars wurde nun auch nachdenklich. Er hatte schon Feierabend und war schnell bei mir.

Lars konnte das Fenster aufbrechen und stieg in den Wohnwagen. Ich hörte nur, wie Lars immer wieder „Papa" rief. Also Uwe war im Wagen, aber es musste etwas Schreckliches passiert sein.

Lars rief, ich sollte sofort einen Krankenwagen rufen. Ich sah Uwe am Boden liegen. Ein schrecklicher Anblick, den ich nie wieder vergessen werde.

Schnell war der Krankenwagen da. Auch ein Notarzt war schnell zur Stelle. Lars und ich warteten vor dem Campingwagen und rauchten eine Zigarette. Es dauerte so unerträglich lange.

Ich weinte und Lars war auch völlig durcheinander. Natürlich ...
Irgendwann hieß es, sie bringen Uwe in die Uniklinik Lübeck.
Wir sollen für Uwe private Sachen besorgen, uns Zeit lassen
und dann in die Klinik nachkommen.

Ich fuhr nach Hause. Wie ein Roboter, ferngesteuert. Was
war passiert? Ich ging schnell mit Barni, unserem Hund. Packte einige Sachen für Uwe ein. Rief Sabine, Uwes Schwester an.
Fuhr so schnell es ging nach Lübeck.

Mirco, den ich auch informierte, rief Marvin an, der in Lübeck studierte. Marvin war schon in der Klinik, als ich kam. Ich
war so froh, nicht allein zu sein. War dankbar.

Als wir auf der Intensivstation ankamen, waren auch schon
Uwes Kinder, Lars und Carina da. Auch Uwes Frau und Sabine.

Wir warteten und waren alle im Ausnahmezustand. Redeten nicht viel. Wir waren alle geschockt. Wir wussten nur, dass
Uwe im OP war. Uns blieb nichts anderes übrig, als zu warten.

Nach einer unendlich langen Zeit kam ein Arzt zu uns. Erklärte uns, was passiert war. Uwe hatte einen Schlaganfall. Da
Uwe scheinbar lange unentdeckt im Campingwagen lag, konnte man Uwe nicht schnell genug helfen. Was beim Schlaganfall
sehr wichtig ist.

Uwe hatte Einblutungen im Kopf. Diese wurden entfernt.
Nun müssen wir abwarten. Aber sein Zustand war sehr kritisch
und wir müssten mit allem rechnen.

Wir durften einzeln zu Uwe, nur kurz.

Der Anblick war so schlimm. Überall Kabel, Monitore, es
piepste überall. Uwe war kaum wiederzuerkennen.

Wir waren alle erschüttert, verzweifelt. Aber eigentlich gibt
es keine Worte für diese Situation.

Wir weinten und verabschiedeten uns von Uwe. Wir mussten gehen. Fuhren nachhause.

So viele Fragen in meinem Kopf. Verzweiflung pur ...

Wie geht es weiter, sehe ich Uwe noch einmal lebend?

Ich war voller Hoffnung. Uwe ist ein Kämpfer, er wird es
schaffen ...

Kapitel 2

Der Tag danach …

Ja der Tag danach. Ich hatte eine schlaflose Nacht. Lasse mein Handy nicht aus der Hand. Immer an meiner Seite. Ich will auf gar keinen Fall einen Anruf vom Krankenhaus verpassen. Die Zeit vergeht so gar nicht. Wann ist die Nacht vorbei, wann kann ich endlich zu Uwe ins Krankenhaus? Ich informiere meine Mitarbeiter. Ich werde für länger ausfallen. Ich bin aber auch für alle telefonisch erreichbar, wenn es nötig ist.

Meine Mitarbeiter reagieren bestürzt. Sie kennen Uwe alle und schätzen ihn sehr. Sie versichern mir, dass ich mir keine Sorgen machen soll. Sie bekommen alles hin. Sie stehen hinter mir, hinter Uwe und wünschen uns alles Liebe.

Ich rufe im Krankenhaus an. Uwe hatte eine schwere Nacht. Ich darf erst ab 15 Uhr kommen. Am Telefon können sie mir nicht mehr Auskunft geben.

Ich ging lange mit meinem Hund Barni spazieren. Der arme Kerl. Ich habe gerade wenig Zeit für ihn. Ich denke auch Barni merkt, dass etwas anders ist.

Ich rief alle seine Freunde an, die ich kenne und von denen ich eine Nummer habe. Bitte um Weitergabe an alle, die ich nicht erreiche. Und da Uwe viele Freunde hat, habe ich zu tun. Es ist sehr anstrengend und sehr emotional.

Ich merkte, dass meine Kräfte schwinden. Mein Kopf so leer war. Tausend Gedanken, Sorgen, Fragen, Ängste. Wie geht es weiter?

Peter, der Angestellte von Uwe, kümmerte sich um den Laden von Uwe. Aber alles konnte er nicht. Aber wenigstens sicherstellen, dass die Reparaturen gemacht wurden. Die Pakete angenommen und verschickt werden. Eine Mitteilung an die

Geschäftstür, dass wir nur eingeschränkten Betrieb für unbestimmte Zeit haben werden.

Uwes Frau kam in den Laden. Aber dazu später mehr.

Ich hielt es nicht mehr aus und fuhr endlich los zu Uwe. Ich musste nach Lübeck ins Uke. Von mir aus fast eine Stunde. Die Fahrt dorthin war – hm, ich weiß nicht mehr. Alles lief wie in einem bösen Traum ab. Ich habe mir keine Gedanken gemacht, ob ich heil ankomme. Ich funktionierte.

Endlich durfte ich zu dir. Man sagte mir, du wärest stabil. Aber das sah gar nicht so aus. Der Anblick war so erschreckend. Überall piepste es. Überall Schläuche, Geräte, die ich noch nie gesehen habe. Du wurdest beatmet. Auch wenn du stabil warst, wurde mir sehr ernsthaft und ehrlich gesagt, dass du in Lebensgefahr bist. Dass zurzeit niemand sagen kann, ob du das überlebst und wenn, wie ...

Sagen die Ärzte das gerade wirklich zu mir?

Nein, das kann nicht wahr sein. Uwe ist ein starker Mann mit großer Willenskraft. Wir lieben uns doch und wir planen eine gemeinsame Zukunft. Nein, das kann nicht sein. Ich bin mir sicher, Uwe schafft das. Ich werde alles, was in meiner Macht steht, dafür tun.

Ich durfte bei Uwe bleiben. Ich hielt seine Hand. Ich streichelte ihn. Ich redete und redete mit Uwe. Ich betete, ja ich betete.

Die Stunden vergingen. Ich konnte einfach nicht gehen. Ich hatte Angst, dich dann nicht mehr lebend zu sehen. Nicht genug für Uwe zu tun. Es waren immer Ärzte und oder Schwestern bei dir im Zimmer. Sie waren alle so nett zu mir. Sie unterrichteten mich über alles, was sie gerade für Uwe taten. Sie brachten mir Kaffee.

Sabine, Uwes Schwester, war fast den ganzen Tag an meiner und Uwes Seite. Das half uns etwas.

Wir besprachen, was wir tun könnten. Wie geht es mit dem Laden weiter? Uwe hatte diesen Laden erst im Januar neu eröffnet.

Es hing so viel davon ab. Es mussten zwei Häuser finanziert werden. Der Laden musste weiterlaufen. Seine Tochter ging noch zur Schule und wollte studieren. Unterhalt musste gezahlt werden. Gelieferte und bestellte Ware musste bezahlt werden. Wir beschlossen, der Laden muss wieder geöffnet werden. Nur so geht es. Und Uwe wäre es wichtig und in seinem Sinne. Wir nahmen uns einige Tage Zeit dafür. Samstags machten Sabine und Lars, Uwes Sohn, den Laden. Beide kannten sich gut aus. Ich dagegen, wusste nichts. Ich war ahnungslos. Aber Peter, Sabine und Lars kümmerten sich erst einmal um das Nötigste. Uwe hat viel über Ebay eingekauft und verkauft. Uwe hatte sich unter anderem auf Boschteile für Autos und Motorräder spezialisiert. Er hatte sich ein großes Wissen angeeignet und war sehr bekannt dafür.

Ich war jeden Tag von morgens bis abends bei Uwe. Er bekam viel Besuch. Aber es durfte immer nur eine Person noch zusätzlich zu Uwe.

Ich nahm mir dann auch mal Zeit, um einen Kaffee zu trinken. Ich musste auch immer wieder zwischendurch nach Hause. Barni war ja auch noch da. Barni tat mir leid. Er war nun viel allein. Manchmal sind Nachbarn mit Barni spazieren gegangen. Wenn ich zu Hause war, verbrachte ich so viel Zeit wie möglich mit Barni. Er schlief immer an Uwes Bettseite.

Zu Hause grübelte ich, weinte, war oft ratlos, mit meinen Kräften am Ende. Was für ein Alptraum. Schlafen war nicht wirklich möglich. Immer das Handy an meiner Seite. Dein Zustand änderte sich nicht.

Der dritte Tag

Heute ist Freitag und die Ärzte wollten dich eventuell aufwecken. Ich freute mich so. Voller Erwartungen kam ich zu dir. Leider keine guten Nachrichten!

Sie versuchten es zwar dich zu wecken, aber dein Hirndruck stieg sofort an. Der Kreislauf machte nicht mit. Dein Körper wollte nicht. Du warst noch nicht so weit.

Schnell legten sie dich wieder in tiefere Narkose. Durch das lange Liegen hattest du eine Lungenentzündung. Nun wollten die

Ärzte ein paar Tage warten und dann erneut versuchen dich zu wecken. Alle waren sehr bemüht um dich. Du hattest Glück mit so vielen tollen Ärzten und Schwestern. Wenn man da von Glück sprechen kann. Alle hielten uns ständig auf dem neuesten Stand. Sabine und ich überlegten, wie wir es der Mama von Uwe mitteilten. Sie ist nicht mehr die Jüngste. Hatte schon viele Schicksalsschläge hinter sich gebracht. Wie wird sie das aufnehmen? Ein schwerer Gang stand uns bevor.

Freitag gingen wir zu ihr. Sie ahnte wohl schon etwas und fragte uns sofort: „Was ist passiert?" Sie erzählte uns, dass sie letzte Nacht von dir geträumt hat, als du Kind warst. Mein Gott, wie furchtbar ...

Sie nahm es gefasst auf und wollte aber erst zu dir, wenn du wach bist. Wir konnten das gut verstehen und waren eigentlich auch erleichtert, denn der jetzige Anblick würde ihr das Herz brechen.

Der dritte Tag danach war wieder ein schlimmer Tag.

Am Abend zu Hause rief ich seine engsten Freunde an. Berichtete vom Tag und von deinem Zustand. Ich war so froh, solche tollen Freunde. Sie waren alle zu jeder Zeit da. Sie versprachen mir, dass sie immer helfen, egal wann und was.

Der vierte Tag
Samstag ...

Ich fuhr wieder zu dir. Sabine holte mich ab. Da war ich froh drüber, denn meine Kräfte wurden weniger.

Tausend Gedanken, Hoffnungen. Wir weinten beide sehr viel. Sabine ist wie ich ein sehr emotionaler Mensch. Aber beide unterstützen wir uns und das machte uns stärker.

Im Krankenhaus angekommen, die nächste schlechte Nachricht. Du hattest eine Lungenentzündung. Sie wurde schlechter. Dein Fieber stieg. Das war nicht gut. Auch ansonsten war dein Zustand kritisch.

Sie hatten in der Nacht eine neue Kanüle in deinen Kopf gelegt. Damit sie den Druck besser kontrollieren konnten und möglichst keine OPs mehr am Kopf gemacht werden müssten.

Schweren Herzens verabschiedete ich mich am Abend von dir.

Ich bin irgendwie im Dämmerzustand. Oft weiß ich nicht, wie ich nach Hause komme oder gekommen bin. Heute fährt uns aber Sabine.

Marvin wartete bei mir zu Hause. Ich konnte erzählen und Marvin hörte geduldig zu. Wir verbrachten gemeinsam den Abend. Marvin wich nicht von meiner Seite.

Wenn ich doch nur schlafen könnte ...

Sonntag

Heute wollte deine Mama nun doch mit.

Wir hoffen, sie schafft das.

Natürlich merkte man ihr an, dass sie sehr aufgeregt, aufgewühlt war.

Sie weinte still, ja still. Sie hielt deine Hand und war sehr tapfer. Auch Sabine und ich weinten. Tapfer waren wir gerade nicht. Aber ich habe die letzten Tage so viel geweint. Ich glaube, das hilft, alles irgendwie zu ertragen. Muss man immer stark sein? Ich denke nicht. Ich will ja stark sein, aber es gelingt mir nicht.

Nach einigen Minuten konnte deine Mama nicht mehr und wollte gehen. Sabine ging mit ihr einen Kaffee trinken. Hat sie Abschied von Uwe genommen?

Ich hatte noch ein wenig Zeit mit dir allein. Wobei wir ja eigentlich nie alleine waren. Es war immer eine Schwester und oder Arzt bei dir. Und das war auch gut so. Sehr beruhigend. Was würden wir ohne diese großartigen Menschen tun? Wir danken diese Arbeit einfach viel zu wenig. DANKE an alle Ärzte, Schwestern und pflegende Menschen.

Abends zu Hause ist immer furchtbar. Tausend Gedanken plagen mich immer wieder.

Hoffen, beten ...

Eine neue Woche

Ich hoffe auf eine bessere Woche und fahre voller Hoffnung zu Uwe ins Krankenhaus. Immer noch Intensivstation.

Ich durfte gleich zu dir. Oft ist es nicht so und ich muss im Warteraum warten. Ich hatte gleich kein gutes Gefühl.

Die Ernüchterung kam auch schnell. Die Ärztin bat mich zu dir. Dein Zustand sei sehr kritisch. Hatte sich in der Nacht verschlechtert. Wir müssten mit ALLEM rechnen.

Mir wurde schlecht. Meine Beine versagten, alles drehte sich. Das konnte nicht wahr sein. NEIN ...

Die Ärztin erzählte dann, dass sich dein Zustand dramatisch verschlechtert hat. Uwes Fieber konnte nicht gesenkt werden. Es stieg stetig an, trotz antibiotischer Behandlung. Die Antibiotika schlugen nicht an. Du hattest nun auch noch eine schwere Lungenentzündung. Deine Lungenfunktion war fast nicht mehr gegeben. Eine Blutvergiftung (Sepsis) hat sich im Körper ausgebreitet. Multiorganversagen droht!

Ich hörte gar nicht mehr richtig zu.

Ich blieb bei dir, solange ich durfte. Nahm mir ein Zimmer in deiner Nähe. Ich hatte keine Kraft mehr zu fahren. Barni hatte ich gut untergebracht.

Manfred, ein Freund von Uwe, kam, um dich zu besuchen. Er war sehr geschockt, das sah man ihm an. „Dass ich Honki", das war Uwes Spitzname, „so sehen werde!"

„Ich kenne Uwe 30 Jahre".

Später kamen auch noch Lars, Carina und Christiane, Uwes Ehefrau. Sie lebten aber schon lange getrennt und die Scheidung war eingereicht.

Carina hielt es nicht lange aus. Sie ging völlig verweint und fertig. Wir alle konnten das gut verstehen. Der Anblick vom geliebten Papa ist auch schwer zu ertragen.

Wir gingen alle in den Warteraum und unterhielten uns noch lange. Wir hatten alle viele Fragen. Wie geht es weiter? Kann es weiter gehen? Ängste waren deutlich zu spüren.

Ein weiterer guter Freund, der Rüdiger, kam auch dazu. Als er von Uwe kam, sah man ihm seine tiefe Trauer an.

Wir berieten wieder einmal, was soll mit dem Laden passieren? Mir war das gerade alles egal. Ich wollte doch nur, dass du aufwachst. Aber natürlich müssen wir auch daran denken. Dein Laden – dein Leben ...
Auch heute konnte ich mich nicht von dir lösen. Einfach zu schwer. Immer der Gedanke: „Sehe ich dich das letzte Mal lebend?" Was ist morgen?
Fix und fertig und voller Tränen allein im Hotelzimmer. Nee, das geht auch nicht. Morgen werde ich wieder nachhause fahren. Mein Sohn, Marvin, kommt zu mir. Das ist auch gut so. Marvin kann sich um Barni kümmern. Er nimmt mir viel ab. Er kocht jeden Tag für uns. Er ist da und hört mir zu.

Dienstag, 17.02.
Wieder nicht geschlafen. Ich gehe zum Arzt ...
Ich erzähle ihm, was in den letzten Tagen passiert ist. Er machte sich große Sorgen um mich und wollte eigentlich, dass ich auch ins Krankenhaus eingewiesen werde. Ich lehne natürlich erschrocken ab. Das geht doch auch gar nicht. Ich muss mich um dich kümmern. Um so vieles ...
Wieder fahre ich mit Angst zu dir. Was ist heute?
Das Fieber und die Lungenentzündung sind immer noch nicht unter Kontrolle. Dein Körper wird nun mithilfe von Kühlflüssigkeit von innen gekühlt. Eine Kühldecke liegt auf dir und ein riesengroßer „Föhn" kühlt dich zusätzlich. Das scheint zu helfen, denn dein Fieber geht langsam herunter. Aber leider schlagen die Medikamente nicht an. Sie saugen mehrmals am Tag Schleim aus deiner Lunge, literweise.
Die Ärztin macht mir noch einmal deutlich, wie kritisch dein Zustand ist.
Ich kann es nicht fassen. Es muss doch irgendetwas helfen.
Die Ärztin teilte mir mit, dass es nun wichtig sei, dass ein Vormund bestellt wird. Gut wäre, derjenige, der mit Uwe zusammenlebt. Also ich. Ich weiß, das ist eine große Verantwortung, aber ich zögere nicht und stimme zu.

Für die Familie, Lars, Carina und seine getrenntlebende noch Ehefrau Christiane, war das wohl ein Grund zur Sorge. Sie wollten plötzlich Scheckkarten, Geld. Was ist mit dem VW Golf? Sichere Panik in dieser sorgenvollen Zeit. Ich verstehe das auch, aber mich gruselt es. Ab da waren sie öfter bei Uwe im Krankenhaus. Ich würde nie ohne dich Entscheidungen treffen. Und jetzt versuche ich immer in deinem Sinne zu entscheiden und selbstverständlich alle Familienmitglieder einzubeziehen. Auch seine Freunde bitte ich oft um Rat und Hilfe.

Dass ich nun Vormund von dir bin, hat den Grund, dass im weiteren Notfall schnell Entscheidungen getroffen werden kann. Da ist es hilfreich, wenn nur einer schnell entscheiden kann. Das kann Leben retten. Zumindest was jetzt deinen Gesundheitszustand betrifft. Alles andere war mir zurzeit eh völlig egal. Ich bin mir sehr sicher, dass diese Entscheidung auf jeden Fall in deinem Sinn ist.

Wieder einmal erkennt man in schwierigen Lebenslagen, wer Freund und Feind ist.

Natürlich brachte ich am nächsten Tag alle Scheckkarten und wichtigen Unterlagen für deine Familie mit. Damit war zumindest erst einmal Ruhe.

Ich berichtete, wie kritisch es um dich stand.

Dieser Tag war der schrecklichste bis dahin.

Ich brauchte eine Zeit, um zu fahren. Ich konnte nicht aufhören, zu weinen. Mein Körper wollte nicht. Irgendwann war ich aber zu Hause. Ich war einfach nur noch völlig leer.

ICH VERMISSE DICH so sehr, Uwe …

Ich will dein Lachen, deine frech blitzenden Augen, in die ich mich so verliebt habe. In deine süße Verrücktheit. Dass du ein Macher bist, ein Geschäftsmann, aber auch das kleine Kind mit viel Quatsch in dir.

Mittwoch, 18.02.

Nun ist es eine ganze Woche her. Mich quälen Gedanken, was du erlebt hast, als du allein im Wohnwagen warst. Was war passiert? Wann? Warst du bei Bewusstsein? Wie lange? Was ging durch deinen Kopf? Wieso hattest du deinen Autoschlüssel in der Hand? Wolltest du Hilfe holen? Hattest du bewusst gemerkt, dass etwas nicht mit dir stimmt? Oh mein Gott! Was für Vorstellungen, was muss das für ein Alptraum für dich gewesen sein. Hilfe benötigen und es nicht rechtzeitig zu schaffen.

Ich hatte wieder nicht schlafen können. Ich rief in der Klinik an! Ich hatte so ein Gefühl. Dort zu stören, war für mich nicht schön und fühlte sich etwas falsch an, aber ich musste anrufen!

Man sagte, dass du stabil seist. Keine Verschlechterung! Das war gut, sehr gut. Darüber freute ich mich.

Ich bin dann endlich in meine Einrichtungen, die Kita und die Schulkindbetreuung, gefahren. Ich war schließlich eine Woche nicht mehr da. Ich erledigte alles, was wichtig war. Unterrichtete meine Mitarbeiter*innen. Ich war sehr zufrieden. Sie hatten alles im Griff. Es lief alles ganz normal. Alle waren natürlich sehr betroffen. Wir umarmten uns und alle wünschten uns ganz viel Glück. Ich war so froh und beruhigt.

Mein Arzt wollte mich zu dir ins Krankenhaus einweisen, da ich dann immer auch bei dir sein kann. Da ich aus verschiedenen gesundheitlichen Gründen, die ich auch schon vorher hatte, ärztliche Hilfe bräuchte. Damit auch mir trotz allem geholfen werden kann.

Ich lehnte ab. Das war ein netter Gedanke, aber nicht jetzt! Nicht so schlimm, das kann warten.

Ich fuhr zu dir. Ich musste fast 1,5 Stunden warten, bis ich zu dir durfte. Du hattest einen Zimmergenossen bekommen, der musste erst notversorgt werden. Das ist natürlich verständlich.

Sie haben einen Ultraschall bei dir gemacht, die Lunge.

Endlich durfte ich zu dir. Stabil hieß es. Fieber runter hieß es! Die Medikamente greifen endlich!

Was für eine gute Nachricht. Ich kann es fast gar nicht glauben. Man schraubt ja schon alle Erwartungen ganz runter und freut sich über jeden noch so kleinen Fortschritt.

Lars, Christiane, Sabine und Volker, Sabines Freund, kamen auch. Wir dürfen immer nur zu zweit bei dir sein. Also wechselten wir uns ab.

Aber klar, ich bleibe immer bei dir.

Lars und Christiane haben echt Probleme. Alle anderen Freunde und Verwandte teilen mit mir deine. Mehr dazu irgendwann. Das würde meine Kräfte heute überschreiten.

Carina möchte nicht mehr zu Uwe kommen. Es ist einfach zu schwer für sie.

Nun musste ich auch raus. Sie wollten eine Lungendrainage legen. Es hat sich zu viel Flüssigkeit in deiner Lunge angesammelt. Wir nutzen die Zeit und gingen einen Kaffee trinken. Nach einer Stunde durften wir wieder zu dir. Lars und Christiane sind nachhause gefahren. Sabine und ich gingen zu dir. Volker sah dich heute zum ersten Mal. Er wurde kreidebleich im Gesicht und wir dachten, er kippt um. Volker kennt Uwe schon sehr lange und hat auch eine besondere Beziehung zu Uwe.

Dann eine neue unschöne Nachricht.

Ich sollte mal wieder eine Entscheidung treffen. Sie können Uwe nicht mehr durch den Mund beatmen. Sie müssen einen Luftröhrenschnitt machen und so beatmen. Das wäre für eine langfristige Beatmung besser und wichtig. Oh Gott, davor hatte ich Angst. Ich informierte die Familie. Sabine und Volker waren noch bei mir und stimmten mit zu.

Es war spät geworden. Die Geräte sollten auf Schlafmodus gestellt werden. Ich musste gehen. Ich konnte nicht, aber ich musste. Morgen wird wieder ein schwerer Tag und eine erneute Prüfung für dich! Hört das denn nie auf?

Wie hältst du das bloß alles aus? Was musst du noch aushalten?

Aber du kämpft, sonst hättest du nicht schon eine Woche ausgehalten. Das gibt mir Mut, Kraft und Hoffnung. Jetzt will ich nur, dass du wach wirst.

Du mich hören kannst, du erkennst, dass du Hilfe bekommst. Nicht mehr allein im Wohnwagen bist. Ich liebe dich so sehr, es tut so weh, ich vermisse dich jeden Tag mehr.

Ich habe Angst vor morgen und fahre nachhause.

Donnerstag, 19.02.

Gestern konnten wir uns mal etwas fallen lassen. Volker war eine Woche krank. Hatte das Norovirus. Sabine und Volker hatten sich also nicht mehr gesehen. In der schweren Zeit nicht schön für Sabine. Gemeinsam gibt man sich ja Kraft.

Also war die Freude groß, als beide sich wiedergesehen hatten. Beide erzählten mir, dass sie beschlossen hatten, endlich zusammenzuziehen. Das planten beide nicht das erste Mal, aber nun sollte das tatsächlich am Wochenende konkret werden. Volker gibt seine Wohnung auf und zieht zu Sabine. Das warf natürlich einige Fragen auf. Wo sollen Volkers Möbel hin? Endlich hatte Volker mehr als nur eine Schublade (sorry, Insider).

Einen kleinen Moment waren wir abgelenkt.

Aber nun willkommen in der jetzigen Realität.

Ich habe einige Telefonate geführt. Das strengt so an. Mirco, Chrisschi (eine Freundin von mir), Helga eine liebe Nachbarin und Wegbegleiterin. Familie, Freunde, Mitarbeiter, Behörden, Krankenkasse von Uwe. Ich merke, es wird immer schwieriger und fange an zu blocken. Nur noch die wichtigsten Anrufe nehme ich mir vor.

Ich verstehe ja, dass jeder alles wissen möchte, aber ich kann kaum noch. Wie bei allem gibt es zwei Seiten. Ich lerne, wer es gut meint und wer andere Gründe hat.

Ich bin mit gemischten Gefühlen zu dir gefahren. Hast du deinen Luftröhrenschnitt gut überstanden? Gibt es heute gute Nachrichten?

Ich durfte heute gleich zu dir. Obwohl ich deinen Gesundheitszustand kenne und auch den Anblick, erschrecke ich mich, als ich dich sah. Ich weinte, ich konnte das nicht steuern. Dabei gebe ich mir so viel Mühe, nicht in deinem Zimmer zu weinen. Wann hört das auf?

Die Ärztin berichtet, dass du stabil bist, aber immer noch ist dein Zustand sehr kritisch. Ich kann es kaum noch hören.

Du nimmst alles mit, was es gibt. Du hattest in der Nacht einen allergischen Schock. Eine Reaktion auf das Antibiotikum. Die gute Nachricht, das neue Antibiotikum greift.

Die Drainage läuft. Alles braucht Zeit. Die Blutwerte werden besser. Durch den Luftröhrenschnitt wird dein Mund und die Mundhöhle entlastet. Dein Gesicht kann ich nun besser erkennen und die Schwellungen sind gut zurückgegangen. Deine Niere will aber nicht so richtig funktionieren. Aber die Ärzte haben alles im Griff.

Du musst eigentlich immer gelagert werden, aber das geht leider immer noch nicht. Sofort steigt der Druck im Kopf an. Dein Bauch ist geschwollen. Du sollst/musst abführen. Das alles soll für deinen jetzigen Zustand normal sein. Sagen sie. Die Schwester sagt, ich sollte mal raus, Pause machen, etwas Abstand nehmen. Der Weg wird noch lang und ich brauche dann alle Kraft. Ich weiß ja, aber ich will bei dir bleiben. Ich frage mich immer, bekommst du mit, dass ich, wir bei dir sind? Kannst du uns hören? Merkst du, was um dich passiert? Ich weiß nur, dass du keine Schmerzen hast. Dafür wird hier gesorgt.

Sabine und Volker sind jetzt bei dir. Ich sitze im Warteraum. Hier trifft man auch immer andere Angehörige. Denen geht es ähnlich wie mir. Heute haben mir zwei Frauen ihre Geschichte erzählt. Mutter und Ehefrau. Ihr Mann wurde vom Auto mit seinem Fahrrad angefahren. Schwere Hirnverletzungen, Koma, Fuß wurde amputiert. Sehr kritischer Zustand. Die Ehefrau, meinte, sie würde nur noch reflexartig wie ein Roboter funktionieren. Ich habe später erfahren, dass er leider seinen Verletzungen erlegen ist.

Wie ein kurzer Moment das Leben verändert. Da wird man einfach so, aus seinem gewohnten Leben gerissen und nichts ist mehr, wie es war und wird wohl auch nie wieder, wie es war. Ich bin so müde. Warte, dass ich wieder zu Uwe kann. Am Sonntag will deine Mama wieder zu dir kommen.

Sabine und Volker planen tatsächlich ihren gemeinsamen Einzug. Sabine teilt mir mit, dass sie aber auch etwas Bedenken hat. Panik? Ich verstehe sie gut. Ist ja auch ein großer Schritt.

Aber ich beruhige Sabine. Was soll schon schiefgehen. Es ist ein Versuch. Wenn er scheitert, kann man es wieder ändern.

Was ist schon ein Streit? Was würde ich geben, mit Uwe einen Streit zu haben, liest sich komisch? Nein gar nicht.

Sabine erzählte von ihrem Traum, dass wir eine Doppelhochzeit feiern werden. Sogar den Ort hat sie geträumt. Irgendwo in der Nähe im Schloss. Was für eine Vorstellung. Ich musste sogar etwas lächeln.

Freitag, 20.02.

Heute ist der neunte Tag.

Immer noch kritisch. Der Hirndruck geht hoch, sowie du umgelagert wirst.

Die Blutwerte werden langsam besser.

Letzte Nacht wurde wieder eine Bronchoskopie gemacht. Regelmäßig wird Schleim aus der Lunge gesaugt. Sorgen machen auch noch die Nieren. Durch das lange Liegen bildet sich Nierengewebe, was nicht gut ist. Die Niere kann nicht mehr richtig filtern. Aber alle Giftstoffe müssen raus. Du bekommst viel Flüssigkeit, aber scheidest immer noch zu wenig aus. Eventuell muss nun doch noch eine Dialyse gemacht werden.

Meine Angst: einmal Dialyse, immer Dialyse. Aber das ist so nicht richtig. Durchaus kann sich die Niere wieder erholen. Es kann aber auch passieren, dass du immer zur Dialyse musst. Wir hoffen, dass das nicht passieren wird.

Weiterhin tun sie hier im Krankenhaus alles, um dich wieder gesundzumachen.

Die allergische Reaktion auf das Antibiotikum ist schlimmer geworden. Du siehst jetzt schlimmer aus als ich. (bin Multiallergikerin).

Du bekommst nun Cortison Salbe. Ich wurde gefragt, ob du Allergien hast, was ich verneinte.

Heute war Christiane hier. Wir haben uns lange nett unterhalten. Sie hatte wohl ein großes Bedürfnis, ihre Situation zu schildern. Auch eure gemeinsame. Wie es zur Trennung kam.

Dabei wusste ich doch schon von dir alles. Natürlich spielte wieder einmal Geld eine Rolle.

Ich bin gerade froh, dass ich endlich mal wieder mit dir allein bin. Leider viel zu selten. Ich glaube, das ist tatsächlich das erste Mal.

Wie gerne würde ich jetzt neben dir liegen. Manchmal habe ich ein kleines Stück für meinen Kopf zum Ablegen neben dir. Ich habe mittlerweile Musik für dich laufen. Deine Lieblingsmusik.

Auch von Carina lasse ich Musik laufen. Ich mag ihre Stimme so gerne. Sehr warm und einfach schön. Auch lese ich dir Geschichten vor. Rede mit dir und erzähle vom Tag und was alles so passiert.

Gestern hat Elvira angerufen.

Sie ist so traurig und sehr betroffen. Sie hat dich so gern und macht sich große Sorgen. Wir weinten gemeinsam, aber das war auch gut so. Elvira kann und will sich nicht vorstellen, ohne ihren „Honki" zu leben. Das wäre unvorstellbar. Wegen unserer geplanten jährlichen Reise sollen wir uns keine Sorgen machen. Dieses Jahr würden wir wohl keine Reisen machen können. Aber das ist auch nicht wichtig. Wichtig ist, dass du aufwachst und gesund wirst. Elvira bot mir an, auch allein mitzukommen. Das konnte ich mir so gar nicht vorstellen und lehnte ab. Ohne dich? Niemals.

Elvira meinte, alle mögen mich und sind für uns da. Sie haben mich sofort akzeptiert und ich bin jederzeit willkommen.

Ich muss nun noch mehr und heftiger weinen. Das tut so gut und freut mich. Alle sind so süß, so lieb und rührend. Ich weiß jetzt, ich bin nicht ganz allein.

Elvira hat mir erzählt, dass der kleine Andre (Elviras Neffe) gestern zur Nachsorge (er hat einen Tumor im Kopf) in der Uni Klinik Lübeck war. Er hat nun schon drei Chemos hinter sich. Eine folgt noch. Er macht gute Fortschritte, geht sogar zeitweilig wieder zur Schule. Ich kenne die Krankengeschichte von Uwe und sie bewegt mich sehr.

Andre wollte unbedingt Uwe besuchen. Aber leider durfte er nicht zu Uwe. Andre bleib vor der Tür stehen, holte tief Luft und nahm das traurig hin. „Hier liegt also mein „Honki", er wird wieder gesund, ganz bestimmt."

Genau so denken wir alle. Du hast jetzt schon so lange gekämpft, dann schaffst du das auch weiter. Wie stolz ich auf dich bin.

Chrischi und Willi lassen lieb grüßen und sind in Gedanken bei dir. Mirco und Jadranka lassen auch grüßen. Eigentlich weiß niemand so recht, was er sagen soll, aber alle verstehen ... alle sind betroffen, alle hoffen und beten ...

Ich muss gerade mal raus aus deinem Zimmer. Du sollst gedreht werden. Das dauert, da alle Kabel und Geräte beiseite und neu gelegt werden müssen.

Die Besuchszeit ist eigentlich bis 19 Uhr, aber manchmal gelingt es mir, länger zu bleiben. Dafür auch DANKE!

Natürlich verstehe ich das auch, denn hier ist Intensivmedizin. Ich denke, es ist auch völlig ok, wenn ich nicht alles mitbekomme.

Ich darf morgen Socken von zu Hause mitbringen. Wie ich mich darüber freue. Echt jetzt? Ja, darüber freut man sich!

Samstag, 21.02.

Jetzt ist es schon zehn Tage her. Immer noch ist es schwer, zu verstehen, was passiert ist. Immer noch stelle ich mir täglich die Frage, WARUM?

Der Spagat Uwe, Uwes Fahrradladen, die Familie, mein Hund Barni und auch meine Arbeit, meine Mitarbeiter und und und ... gerade alles sehr viel, aber ich schaffe das.

Ich fahre auch heute wieder zu Uwe. Ich bin gespannt, was mich heute erwartet. Ich brauchte heute über eine Stunde zu dir.

Es regnet, alles ist grau. Wie mein Gemütszustand. Alles nicht einfach und doof. Aber langsam wird es wärmer draußen, der Frühling kommt.

Die Krokusse blühen auf unserem Rasen. Leider werden wir den Frühling wohl nicht gemeinsam erleben.

Ich habe heute mit Peter telefoniert. Ich habe ihn gebeten, dass wir ab Montag den Laden wieder öffnen werden. Den ganzen Tag werden wir nicht schaffen, aber schon verlässlich ein paar Tage und Stunden. Montag, Dienstag und Donnerstag von 9 bis 13 Uhr. Ich werde den Laden so gut ich es kann führen. Verkaufen, beraten, Bestellungen, Lieferanten anschreiben und telefonieren. Paketdienst und die Buchführung gemeinsam mit dem Steuerberater. Peter soll die Werkstatt machen und auch im Verkauf beraten.

Mittwochs müssen wir leider ganz schließen. Freitag werden wir den ganzen Tag öffnen. Auch Samstag schaffen wir das. Lars, der Sohn von Uwe, Sabine und Volker springen dann mit ein. So kann ich mich um meine Kitas kümmern und um Uwe in erster Linie.

Da Marvin noch mindestens eine Woche bei mir bleibt, kann er sich um Barni kümmern.

Wie lange wir, ich das schaffe, wusste ich nicht. Aber ich wollte es und für mich gab es keine andere Option. Das wichtigste war, Uwe muss gesund werden.

Lars plant, jemanden einzustellen. Aber woher das Geld nehmen?

Aber die Idee, dass wir jemanden finden, der eventuell den Laden mietet oder pachtet, sollte es noch lange dauern, bis du wieder genesen bist. Oder, wenn der Fall eintritt, dass du es gesundheitlich nicht mehr schaffen kannst.

Langsam gefällt mir diese Idee. Eine Entscheidung werden wir treffen, wenn du wieder mit uns kommunizieren kannst. Du musst das entscheiden.

Ich hoffe sehr, dass wir in deinem Sinne handeln!

Es ist nicht immer einfach, da es gerade einige Menschen gibt, die Ideen haben, die mitsprechen und entscheiden möchten.

Dass die finanzielle Lage nicht gerade gut ist, macht das alles auch nicht einfacher. Lars meinte: „Wir müssen dann halt Geld locker machen!" Aber wie denn?

Peter soll und muss natürlich sein Geld bekommen.

Lars, Sabine, Volker und ich helfen natürlich, ohne Gelder zu bekommen. Ich bin immer noch dabei, die finanzielle Lage zu überblicken.

Einig sind wir uns, es muss weiter gehen. Wir müssen mit dem Laden Geld verdienen.

Noch liegt etwas Erspartes von dir bei mir. Versprochen, ich passe darauf auf!

Peter ist einverstanden. Auch Uwes Frau, Christiane, hat sich angeboten. Aber wir schaffen das ohne sie, aus verschiedenen Gründen.

Christiane erhebt Ansprüche. Möchte eingestellt werden und ein Gehalt. Ich lehne das ab, es geht einfach nicht und wäre auch nicht in Uwes Sinne.

Aber ich möchte da nicht enger drauf eingehen. Vielleicht später mal.

Jetzt aber endlich mal zu dir.

Der Arzt erzählt mir, dass dein Gesundheitszustand immer noch sehr kritisch ist. Leichte Verbesserungen sind aber auch zu erkennen.

Die Blutwerte sind etwas besser. Die Drainage sorgt immer noch dafür, dass die Flüssigkeit gut abläuft. Es wird aber immer weniger, das ist gut.

Die Kühlung läuft auch nicht mehr ständig. Sie dient nur noch zur Unterstützung.

Die Niere arbeitet auch besser. Die Lungenentzündung ist nicht mehr so akut, besser also. Durch das Liegen und die Beatmung dauert es länger.

Deine Allergie sieht allerdings schlimm aus. Sie ist nun am ganzen Körper sichtbar. Du hast Wasser im Bein und dein Fuß ist blau. Soll aber normal sein, sagt man mir.

Der Hirndruck macht große Sorgen. Der Arzt meint, eventuell wäre noch im Kopf eine unentdeckte Blutung oder eine Neublutung aufgetreten. Es kann leider kein CT gemacht werden, da dein Zustand zu akut wäre. Wir hoffen, dass am Montag ein CT gemacht werden kann. Dann wissen wir mehr.

Dein Bauch ist immer noch dick und hart. Aber die Ärzte haben alles im Blick und kümmern sich. Es liest sich sicher alles sehr schlimm, ja ist es auch. Ich habe auch überlegt, ob ich das so schreiben kann. Aber ja, das war unser Leben, unser Alltag. Ich wollte keinen Schrecken verbreiten. Keine Sensationslust hat mich getrieben. Ich habe alles aufgeschrieben, weil es mir geholfen hat. Uwe fehlt dieser Teil in seiner Erinnerung. So kann ich ihm eventuell diese zurückgeben?!

Mit Leser*innen, die ein ähnliches Schicksal hatten oder haben, teilen.

Heute haben sie dir deine Augen mit einer besonderen Brille abgedeckt. Deine Augen schließen nicht mehr richtig. Damit sie nicht austrocknen, wäre diese Maßnahme nun wichtig. Aber du darfst heute deine Socken von zu Hause anziehen. Ich habe dir Thermosocken mitgebracht. Die Verbände an den Beinen sind nun weg. Deine Hände sind noch verbunden.

Ich lege deine Hände immer frei und massiere sie. Wenn ich gehe, decke ich deine Hände wieder brav zu.

Leider werde ich gebeten, etwas hinauszugehen. Sie wollen dich umbetten. Ich frage mich oft, warum immer, wenn ich hier bin. Aber natürlich können sie nicht immer auf Besuch Rücksicht nehmen. Die Arbeit am Patienten ist wichtig.

Ich nehme diese Gelegenheit und gehe einen Kaffee trinken. Alles braucht seine Zeit. Mir erklärt man, dass Kopf- und Hirnverletzungen die schwersten und längsten Verläufe haben.

Auch eine gute Nachricht. Du brauchst keine Dialyse. Deine Medikamente werden umgestellt. Die Narkose wird langsam runterdosiert.

Ich darf heute nicht lange bleiben. Du sollst umgebettet werden in ein Spezialbett. Der Arzt hat mir alles sehr genau erklärt. Ich sollte beim nächsten Besuch keinen Schreck bekommen.

Dieses Bett könnte in allen Richtungen bewegt werden. So kann dein Kreislauf stabilisiert werden und die Lungen besser belüftet.

Ich bat darum, dass deine Mama noch zu dir kommen darf, da sie heute mit Sabine gekommen ist. Das wird erlaubt, aber nur kurz. Deine Mama war aber zufrieden.

Auch Lars, Volker und Christiane waren heute bei dir. Wir wechselten uns ab. Jeder ein paar Minuten.

Wir gingen alle einen Kaffee trinken. Lars hatte große Angst. Wie geht es weiter? Hatte Angst, dass das Haus, in dem er ja auch wohnt, verkauft werden muss. Dass beide Häuser verkauft werden müssen. Christiane natürlich auch. Sie lebt ja im gemeinsamen Haus.

Deine Mama, lieber Uwe, hatte nur noch einen leeren Blick und schüttelte ihren Kopf. Volker musste hinausgehen. Er hielt das nicht aus.

Sogar Sabine wurde ärgerlich. So kannte ich Sabine noch nicht. Sie ist eigentlich der liebste Mensch, der immer Verständnis für alle und alles hat.

Ich erklärte, dass zurzeit niemand Angst haben muss. Vor mir schon einmal gar nicht. Irgendwie war diese Situation unschön und völlig unverständlich und überflüssig.

Unsere Kraft sollten wir dafür einsetzen, dass du wieder gesund wirst. Dass wir so gut es geht, deinen Laden am Laufen halten.

Ich werde dafür weiter alles machen.

Sollte Geld fehlen, bin ich da, ich werde helfen.

Ab morgen werde ich Montag, Dienstag und Donnerstag deinen Laden von 9 bis 13 Uhr öffnen, mithilfe von Peter.

Mittwochs schließen wir. Sabine hat sich bis auf Weiteres freitags freinehmen können und macht den Laden. Auch am Samstag.

Wir hoffen, alles ist in deinem Sinne.

Wir sind irgendwann aufgebrochen. Deine Mama hielt mich ganz doll fest und weinte. Ich versprach, alles wird gut!

Ich war auch überzeugt davon, aber stimmt das?

Samstag, 22.02.

Der elfte Tag! Der 22te. Vor einem Monat war mein Geburtstag.

Da war unsere Welt noch in Ordnung.

Seit elf Tagen ist nun alles anders.

Aber heute war der erste Hoffnungsschimmer. Man teilte mir mit, dass du erste Fortschritte machst. Alle Werte sind besser, erstaunlicherweise. Vor einer Woche haben wir gebangt und wir wussten nicht, ob du überlebst.

Das CT hat nichts ergeben. Kein weiterer Infarkt. Keine weiteren Blutungen. Der noch immer hohe Hirndruck wird an der Schwere deiner Verletzung liegen.

Nun ja, ich sehe es positiv. Wie jeden Schritt, auch sei er noch so klein.

Hier im Krankenhaus trifft man immer mal auf andere Betroffene, die erkrankte Ehemänner, Frauen, Freunde besuchen. Man tauscht sich aus. Man versteht sich. Man hofft gemeinsam. Bei allem Leid tut es gut.

Ich vermisse dich so sehr!

Morgen will deine Mama noch einmal mitkommen. Sabine und ich wollen gemeinsam zum Laden. Wir wollen uns alles ansehen. Auch Peter kommt.

Also meine große Liebe, kämpfe, kämpfe weiter ...

Montag, 23.02.

Zwölfter Tag und immer noch voller Hoffnung.

Ich bin gespannt, ob die Umbettung in das Spezialbett geklappt hat.

Als ich in dein neues Zimmer kam, war ich so verdammt geschockt. So schlimm hatte ich es mir nicht vorgestellt. Obwohl die Ärzte mich gut aufgeklärt haben.

Mir wurde ganz schlecht. Die Beine wollten mich nicht mehr halten. Die Schwester bemerkte das und stellte mir schnell einen Stuhl hin. Brachte mir Wasser. Alles Gute von gestern war nun weg.

Aber alle erzählten mir, dass alles besser ist und weiter gut wird. Nur weil dein Gesundheitszustand täglich etwas besser wird, konnten sie diesen Schritt wagen. Dein Kreislauf wird angeregt und die Lungen werden besser belüftet.

Dann muss ich mich wohl freuen. Aber wie denn? Es ist so schwer. Du hast überhaupt keine Würde mehr. Es ist alles zu viel. Ich kann meine Traurigkeit nicht verbergen und weine hemmungslos. Ich komme noch nicht einmal an dich ran. Du bist so weit weg, bist an Händen und Füßen fixiert. Nein, der ganze Körper ist fixiert. Die Augen verbunden.

Ich diskutiere mit den Pflegern, Ärzten. Was ist Würde? Wie weit kann und darf man gehen? Ich Zweifel. Dürfen wir so ins Leben eingreifen?

Wo ist die Grenze?

Wo ist oder wäre deine Grenze?

Ich tue alles, um dir ein wenig Würde zurückzugeben. Aber genügt das?

Ich möchte alles Menschenmögliche machen, aber ist das richtig? Darf ich das überhaupt?

Wer will und kann das entscheiden?

Wir haben nie darüber gesprochen. Warum auch? Wir waren Anfang 50. Waren gesund und doch so verliebt.

Ich war aber nun der Vormund von Uwe, in allen Belangen. Ich musste also Entscheidungen treffen.

Ich bin so froh, dass Sabine und Volker mich unterstützen. Auch Uwes Freunde sind für uns eine große Hilfe. Sie sind immer für mich da, zu jeder Zeit. Auch seine Freunde haben viel Trauer in sich. Sie kennen sich fast alle schon seit der Grundschulzeit. Haben ihr ganzes Leben zusammen verbracht. Alle Höhen und Tiefen gemeinsam überwunden. Heirat, Kinder, Scheidungen, Krankheiten und und und ...

Uwe ist immer der Starke gewesen. Ein Macher. Und nun so klein, so krank. So traurig alles.

Ich muss letztendlich den Ärzten vertrauen – und das tue ich hier in der Uniklinik Lübeck. Was für großartige Ärzte, Schwestern und Pfleger. Alle sind hier so wundervoll.

Das beruhigt mich.

Deine Augen bluteten. Oh mein Gott, was ist denn nun?

Angst, nur noch Angst ...

Es heißt aber wieder einmal, es wäre normal. Die Augen waren dick eingecremt. Augentropfen und Antibiotikum sollen helfen.

Morgen wollen sie dir die Magensonde weiter in den Darm hineinlegen. Wieder eine kleine OP.

Du hast zu viel Magensäure, die verhindert, dass die Nahrung in den Darm kommen kann.

Das wäre aber wichtig, um deine Darmflora zu regenerieren und wäre wichtig für deine Genesung. Der Magensaft könnte Entzündungen in der Luft und Speiseröhre verursachen.

Ich mag das alles gar nicht mehr hören. Ich kann es auch fast gar nicht mehr aufnehmen. Aber ich willigte für diesen Eingriff ein.

Ich musste heute spätestens um 17 Uhr los. Um 18 Uhr hatten wir Teamsitzung in der Kita.

Also von Lübeck nach Hamburg.

Ich musste diese Sitzung machen. Das gesamte Team wartete und alle waren so besorgt. Hatten aber nur wenig Informationen.

Ich informierte und erklärte alles. Sie waren alle bestürzt. Sagten mir 100%ige Hilfe und Unterstützung zu. Ich sollte mir keine Sorgen machen. „Wir schaffen das", sagten alle zu mir.

Wie schön und rührend. Was für ein Glück, so ein tolles Team.

Danke und besonders DANKE an Pam ...

Noch während der Sitzung rief das Krankenhaus an. Mein Gott, in ein paar Sekunden liefen die letzten Tage ab. Mein Adrenalinspiegel stieg an. Ich hörte zu und weinte nur noch. Ich sollte sofort ins Krankenhaus kommen. Uwe ging es nicht gut und eine weitere OP musste schnellstens gemacht werden. Dafür benötigen sie meine Unterschrift.

Ich raste los und fuhr wieder nach Lübeck zu dir. Die Ärztin wartete schon. Ich durfte bleiben. Bekam einen Kaffee. Wartete, bis die Ärztin kam und mir mitteilte, dass alles gut verlaufen ist. Ich sah dich nur kurz und fuhr dann nachhause. Wie ich nach Hause kam, konnte ich nicht sagen. Wusste ich so oft nicht. Gefährlich, ich weiß, aber so war es.

Peter teilte mir mit, dass er nur mit mir zusammenarbeiten möchte. Ich wusste, was er meinte. Er wollte Uwe und mir helfen, aber er wollte nicht in die Familienangelegenheiten mit hineingerissen werden. Ich verstand Peter und bat ihn aber bitte weiter bei uns zu bleiben.

Wir öffneten den Laden. Peter die Werkstatt, ich versuchte alles andere. Die Kunden waren alle besorgt. Wollten Informationen über den Gesundheitszustand. Wollten wissen, wie es weitergeht. Ich beruhigte alle und die Kunden waren froh.

Wir schafften alles ganz gut. Ich bat überall um Geduld und Hilfe.

Alle hatten Verständnis und sagten Ihre Hilfe zu.

Wir hatten den ersten Tag nicht viel eingenommen. Aber ich machte Bestellungen, packte Ware aus, zeichnete Preise aus und kümmerte mich um den Paketdienst.

Es machte mir sogar Spaß und lenkte ab.

Danach bin ich natürlich wieder zu dir. Es war ein langer Tag voller Ereignisse und Neuem.

Ich weinte nur noch zu Hause. Wo kommen nur die ganzen Tränen her? Wann hört das auf? Einer meiner häufigsten Fragen in diesen Tagen.

Ich war total fertig. Aber morgen ist ein neuer Tag. Es geht immer weiter …

Dienstag, 24.02.

Vor zwei Wochen hatten wir zuletzt telefoniert, uns gesehen, unser letztes Frühstück!

Was erwartet mich heute? Das ist immer die Frage, die ich mir jeden Tag stelle.

Der zweite Tag im Laden. Langsam arbeite ich mich in dein Leben ein.

Ware auspacken, Preise auszeichnen, Telefon annehmen, Kunden bedienen, so gut es geht, Bestellungen machen und vor allem dein Zettelchaos entwirren usw.

Peter hat in der Werkstatt gut zu tun. Wir beide kommen gut klar.

Dein Freund MM war heute im Laden. Wir haben lange geredet. Zusammen geweint. MM hat Patronen und andere Dinge für sich gekauft.

Ich liebe es, an deiner Kasse zu kassieren. Sie ist schon so alt und einfach cool. Die neuen elektrischen Kassen sind längst nicht so toll. Aber leider darfst du diese Kasse nicht mehr lange nutzen, so sagt die Behörde.

Ich bin eigentlich auch stolz auf mich. Ich schaffe das …

Ich fahre zu dir. Den Anblick mit dir im Bett kann ich kaum ertragen. Heute sollte die Magen-OP sein. Du warst noch nicht auf deinem Zimmer. Eine Stunde sagten sie. Aber es dauerte lange. Man erklärte mir, dass sie nun doch durch die Bauchdecke gehen mussten. So hast du keinen Würgereflex mehr und somit wäre es auch gut für deinen Druck im Kopf. Aber auch ein weiteres offenes Loch im Körper und ein weiteres Entzündungsrisiko. Sabine, Volker und J. Richter kamen heute. Wir haben uns nett und lange unterhalten. Eine nette Abwechslung. Müde fahre ich nachhause. Du wirst es nicht glauben. Ich bin um 21 Uhr eingeschlafen und nicht wieder aufgewacht. Bis um 6 Uhr. Das erwähne ich, da das nie passiert. Ich bin eigentlich alle ein bis zwei Stunden nachts wach. Morgen sind es zwei Wochen!

Als ich nachhause kam, hatte ich von euren gemeinsamen Scheidungsanwalt Post!

Es verschlug mir und Marvin die Sprache.

Sabine wird das Schreiben auch bekommen haben. Wie wird sie das finden?

Mittwoch, 25.02.

Heute genau vor zwei Wochen ist es passiert.

Zwei Wochen, was ist in diesen zwei Wochen alles passiert. Mein Leben ist nicht mehr dasselbe. Ich musste heute nach Hamburg in die Kitas. Alles war gut und alle bestätigten mir, dass sie alles im Griff haben. Das Team hielt mir den Rücken frei.

Wie bin ich froh darüber.

Mehr als bedanken kann ich mich zurzeit nicht. Überlege mir aber schon, wie ich mich viel mehr bedanken könnte, wenn die Zeit da ist.

Bei dir heute angekommen, bekam ich einen weiteren Schock. Dein Bett stand draußen! Das Blut in meinem Kopf lief leer. Was ist passiert? Lebst du? Hat man vergessen, mich anzurufen?

Aber die Schwester kam sofort zum mir und beruhigte mich. Alles wäre gut und in Ordnung. Die Ärztin kam und beruhigte mich: „Ich komme gleich zu Ihnen."

Ute, Uwes Schwester, ist heute gekommen. Ich erklärte ihr, sie sollte keinen Schreck bekommen. Sie winkte ab, aber als sie dich sah, kam, was kommen musste. Sie fing an, zu weinen. Ich beruhigte sie. Da sie zur Kur war, sah sie Uwe das erste Mal. Ich erklärte ihr alles, sie verstand und meinte, sie hätte dir immer gutes Karma gesendet. Dazu muss ich sagen, dass Ute sehr spirituell ist. Man erzählte mir, dass du erfreulicherweise gute Fortschritte machst.

Alle Werte werden besser, die Lungenentzündung braucht noch etwas Zeit.

Morgen ein weiteres CT. Sollte alles in Ordnung sein, können sie dir das Druckmessgerät aus deinem Kopf entfernen. Solltest du das gut machen, könnten wir am Freitag anfangen, dich zu wecken. Ich konnte diese neue und gute Nachricht gut gebrauchen und freute mich so sehr.

Ich fragte, ob du Musik hören darfst. Ja, das durftest du, sogar sehr gerne. Auch, ob ich Bilder aufhängen darf. Ja, auch das wurde sehr begrüßt. Denn die Musik und Bilder helfen dir, dich zu erinnern. Es war zu schön, um wahr zu sein.

Sabine kam und Lars und Christiane auch. Aber eigentlich wollte Christiane nicht mehr kommen.

Sie fragte, ob etwas entschieden werden musste. Ich lächelte und verneinte das. Hatte aber Fragezeichen in meinem Kopf. Was hat das nun zu bedeuten?

Heute ist es spät geworden. Ich vermisse es, mit dir allein zu sein. Ich vermisse dich – uns …

Zu Hause habe ich Fotos ausgedruckt. Musik ausgesucht und gespeichert. Morgen werde ich dein Zimmer bunt machen.

Ich bin so gespannt auf morgen und die nächsten Tage …

Donnerstag, 26.02.

Nach zwei Wochen gibt es endlich weiter Erfreuliches.

Du hast heute eine Stunde allein geatmet, juhuuuu …

Leider haben sie dein Druckmessgerät noch nicht entfernen können. Aber morgen …

Alles geht weiter vorwärts …

Morgen wollen sie anfangen dich langsam zu wecken.

Ich freu' mich so und bin total aufgeregt. Mein Verständnis war, morgen bist du wach und siehst mich an …

Ich ließ Musik laufen. Hängte Bilder an die Wände im Zimmer. So, dass du alles erkennen kannst.

Bat alle darum, weitere Bilder mitzubringen.

Ich bin so aufgeregt und gespannt.

War heute wieder mit Peter im Laden. Haben deine Kontoauszüge geholt und verglichen. Ist alles abgebucht, gebucht?

Alles war so weit in Ordnung.

Wir haben heute gut eingenommen und konnten einiges an Geld auf dein Konto einzahlen. Ein gutes Gefühl.

Dein Privatkonto verwaltet Lars! Also hatte ich keine Ahnung, wie es da aussieht. Ich denke, es sah gut aus. Lars verkaufte viel bei Ebay. Auch dein Wohnkonto sah gut aus. Wir haben ein teures Fahrrad verkauft. Auch Reparaturen wurden fertig. Ich konnte also wieder viel Geld aufs Konto einzahlen.

Peters Gehalt macht der Steuerberater. Da ich aber keine Kontozugangsdaten habe, bezahle ich Peter von meinem Geld.

Peter ist ein schwieriger Charakter, aber wir kommen klar.

Morgen macht Sabine den Laden. Ich bin gespannt, aber sie werden es gemeinsam, Uwe zuliebe, meistern.

So geht es nun jeden Tag ...

Heute war ich mit dir tatsächlich eine ganze Weile allein. Sogar die Pfleger sind nicht so oft im Zimmer.

Ich genieße das sehr.

Ich habe noch nichts gegessen und großen Hunger.

Marvin und ich wollen heute Spaghetti Bolognese essen. Manchmal überrascht Marvin mich und kocht für uns. Wenn ich dann nach Hause komme, ist es fertig und wir können gemeinsam essen. Das ist schön und freut mich sehr.

Freitag, 27.02.

Heute bin ich guter Dinge, als ich zu dir gefahren bin.

Ich bin auf dem Weg zu dir noch schnell zu Sabine in den Laden gefahren. Ich habe ihr Kuchen vorbeigebracht. Sie hat sich sehr gefreut.

Der Laden war voll. Das war toll und freute uns.

Ein wenig stolz bin ich schon. Bine auch.

Da der Neffe, Robin, Konfirmation hat, hat Sabine mir ihr Kleid noch schnell gezeigt. Hübsch ...

Dann fuhr ich los zu dir. Ich war heute erst um 16 Uhr bei dir. Christiane und Carina waren schon bei dir. Christiane ging raus, so konnte ich zu dir. So konnte ich mich mit Carina etwas unterhalten. Ich erklärte ihr alles und konnte ihre Fragen beantworten. Ihre Schule läuft gut, aber soll sehr anstrengend sein. Viel Ausarbeitungen und Arbeiten.

Auch Ute kam und brachte ihren neuen Freund mit. Ich fand das nicht so gut. Es war ein fremder Mensch. Wir kannten ihn nicht und Uwe auch nicht. Uwe lag immer noch unbekleidet, fixiert in seinem Spezialbett. Ich erklärte auch meine Bedenken. Der Freund ging und Ute war sicher etwas sauer auf mich. Das war mir aber egal. Ich wollte Uwe schützen.

Nach über zwei Stunden waren wir endlich allein. Ich fand die Ruhe mit dir allein sehr schön. Ich genoss es.

Ich erzählte dir jeden Tag vom Tag, von mir und dem Laden. Immer in der Hoffnung, du hörst mich.

Dein Druckmessgerät im Kopf ist mittlerweile herausgenommen.

Aber leider hast du wieder Fieber und das Kühlgerät ist wieder angeschlossen.

Aber deine Werte werden besser. Du hattest eine Bronchoskopie. Deine Lunge hat endlich weniger Schleim und erholt sich.

Deine Augen sehen schlimm aus und auch das Wasser in deinem Körper sammelt sich leider weiter. Aber das soll alles im Rahmen sein.

Du brauchst noch Zeit und wir müssen Geduld haben. Ich atme tief ein und ja, wir haben Geduld, auch wenn es oft sehr schwer ist.

Samstag, 28.02.

Nun ist es das dritte Wochenende, wo du hier im Krankenhaus bist. Und immer noch auf der Intensivstation. Umgeben von Monitoren, Kabeln und Schläuchen. Irgendwo piept es immer.

Mittlerweile höre ich es fast gar nicht mehr. Aber der Blick auf die Monitore ist ein Automatismus. Ist alles in Ordnung? Gibt es Alarm? Und wenn, warum?

Heute habe ich erfahren, dass deine Narkose weiter heruntergefahren wurde. Beim Schleim absaugen hast du reflexartig gehustet und gewürgt. Ein gutes Zeichen. Ich weine vor Glück. Deine Augen sind heute nur noch zugeklebt. Die Brille ist weg. Gut so ... Das Wasser im Körper wird immer besser ausgeschieden. Fast alles wieder normal. Deine Lunge soll wie neu aussehen. Ich freu' mich so, so sehr.

Es geht in kleinen Schritten voran. Die Rede ist nun immer öfter von einer Reha. Ich kann es gar nicht glauben. So schön, eine Reha!

Eine schnelle Reha ist sehr wichtig. Je schneller, umso mehr kann erreicht werden. Wir sind fest entschlossen, alles dafür zu tun. Eine Reha ist so wichtig.

Wir werden auch das gemeinsam schaffen.

Da mein Auto kaputt ist, bin ich heute mit dem Golf gefahren. Ich werde Peter fragen, ob er das reparieren kann. Das kann nichts Großes sein. Ich bin mir sicher, dass du das könntest.

Ich gebe mir Mühe, dass das Auto sauber bleibt. Ich muss gestehen, mein Auto ist selten sauber. Ich lebe ja fast darin. Esse im Auto und transportiere alles Mögliche. Und Zeit zum Reinigen habe ich nicht.

Wie geht dein Tankdeckel auf? Ich mag so gar nicht mit anderen Autos fahren, die ich nicht kenne. Aber ich bekomme das schon hin.

Hoffentlich bist du bald wach. Ich sehne mich danach. Morgen will Marvin mit in den Laden. Er benötigt ein Fahrrad und möchte sich eins aussuchen. Peter liefert das Fahrrad dann nach Lübeck.

Heute bringe ich Marvin wieder zu sich nachhause, nach Lübeck.

Leider sind seine Semesterferien zu Ende. Nun muss er auch für die nächsten Prüfungen lernen.

Nun bin ich wieder allein. Ok, Barni ist noch da. Ich habe mich wieder daran gewöhnt, dass Marvin bei mir war. Das war in dieser schweren Zeit auch sehr gut.

Wer kocht nun aber für mich? Und nun muss ich mich auch wieder mehr um Barni kümmern.

Heute gibt es Nudeln mit Ketchup ...

Morgen muss ich wieder mal in die Kitas. Geld bringen, Post holen und mit dem Team alles Weitere besprechen.

Sonntag, 01.03.

Heute war ich schon um 5 Uhr wach. Ich konnte einfach nicht mehr schlafen. Um 7 Uhr bin ich dann aufgestanden. Um 13 Uhr war ich bei dir. Weiter geht es bergauf. Die Ärzte sind zufrieden.

Heute wird deine Lungendrainage entfernt. Deine Narkose wird weiter heruntergefahren. Das muss langsam passieren, erklärten mir die Ärzte.

Genau wie die Beatmung. Geplant ist, dass morgen nun die ganze Narkose heruntergefahren wird. Dann soll es noch ein bis zwei Tage dauern, bis du wach bist. Fast.

Ich kann es gar nicht erwarten. Wie ist es, was passiert dann? Kannst du mich erkennen? Kannst du sprechen? Aber die Ärzte teilten mir mit, dass ich keine so hohen Erwartungen haben soll. Wahrscheinlich ist dein Sprachzentrum betroffen, unter anderem ...

Wir werden für alles einen Weg finden, da bin ich mir sicher. Das alles geht aber auch nur, wenn du kräftig mithilfst.

Ich mache Musik an. Bin gespannt, hörst du das?

Ich machte deinen Lieblingssänger, CC Cale an. Vielleicht habe ich eine falsche Wahrnehmung, aber ich sehe, wie dein Puls hochgeht. Nimmst du die Musik wahr? Oder wünsche ich mir das so sehr, dass ich schon spinne?

Nun versuche ich es mit unserem Lied „Marmor, Stein und Eisen bricht" ... Du wirst ganz ruhig.

Ich mache wieder CC Cale an.

Du hast kalte Finger. Ich massiere sie. Bei der Musik konnte ich dir ganz nah sein. Wir sind heute viel allein. Das ist schön.

Immer mehr vermisse ich dich ... alles so traurig, aber nicht hoffnungslos.

Seit du hier bist, weiß ich umso mehr, wie sehr ich dich liebe. Ich bin ganz euphorisch und freue mich auf eine gemeinsame Zukunft mit dir. Ich weiß es, du schaffst das.

Ich denke heute, den größten und schlimmsten Weg haben wir schon geschafft. Alles andere schaffen wir auch. Ich werde alles Mögliche dazu tun und immer an deiner Seite sein. Versprochen.

Ich habe Helgas, eine liebe Nachbarin und Freundin, Geburtstag vergessen. Das tut mir so leid. Aber Helga hat Verständnis und findet das nicht so schlimm.

Ich werde Helga zum Essen einladen. Das mögen wir beide.

Montag, 02.03.

Die dritte Woche beginnt.

Heute soll der erste Tag ohne Sedierung (Narkose) sein. Du sollst heute aus dem Koma erwachen.

Die Schwestern und Ärzte haben mir alles erklärt. Aber dennoch weiß ich nicht, was mich wirklich erwartet. Ich bin mal wieder so aufgeregt. Ich musste über eine Stunde warten, bis ich zu dir konnte.

Und das heute! Meine Aufregung wurde immer größer. Endlich sehe ich dich. Ich begrüße dich und du reagierst sofort. Du versuchst, dich zu bewegen, und dein Puls geht hoch. Ich habe mich erschreckt, gefreut und diese Anspannung fiel ab. Ich konnte nicht anders, ich weinte vor Glück. Der Arzt nahm mich in den Arm und beruhigte mich. Ich sollte ganz ruhig sein und deine Hand streicheln. Langsam beruhigte ich mich. Das war auch sicher wichtig, aber meine Nerven sagten etwas komplett anderes.

Du warst unruhig, bewegtest dich. Ich hatte etwas Angst, war das richtig? Du musstest würgen. Das war sicher nicht gut. Aber die Schwester meinte, alles wäre gut. Für mich war die Freude und Angst zugleich. Meine Nerven ...

Da du dich so aufgeregt hast, haben sie dir etwas zur Beruhigung gegeben. Du hattest Entzug, teilte man mir mit.

Was darf ich mit dir sprechen, was kann und darf ich? Ich war so unsicher. Wollte alles richtig machen. Ich versuchte, dich zu beruhigen, und wollte dir erzählen, wo du bist und was passiert ist. Aber ist das wirklich eine gute Idee?

Was verstehst du? Hast du Angst? Weißt du, wer ich bin? Oh mein Gott, tausend Fragen. Es ist schön, aber schwer und unerträglich zugleich.

Um 19 Uhr bin ich gegangen. Schweren Herzens. Wie geht es dir, wenn ich nicht da bin? Verstehst du, dass ich gehe?

Zu Hause bekomme ich keine Ruhe. Ich gehe lange mit Barni und bin so müde. Lege mich aufs Sofa. Irgendwann wache ich auf und gehe völlig fertig ins Bett schlafen.

Dienstag, 03.03.

Gestern und heute war es im Laden ruhig. Haben fast nichts eingenommen. Aber es werden mehrere Fahrräder abgeholt, die wir verkauft haben, Reparaturen sind fertig. Am Ende werde ich sicher eine größere Summe auf das Geschäftskonto einzahlen können.

Auch der Paketdienst läuft besser, nachdem wir eine kleine Schulung bekommen haben. Uwes Vertreter und Vertrauter, was den Laden betrifft, war auch heute da und hat sich ein Bild gemacht. Hat meine Fragen beantwortet und uns vieles erklärt, damit wir weiter und besser arbeiten konnten. Wann Zahlungen fällig werden, worauf ich achten muss usw.

Das tat gut und brachte mich auf jeden Fall weiter.

Ich fahre ungeduldig, aber mit Vorfreude zu dir.

Was ist heute? Bist du wach? Gibt es etwas Neues?

Bei dir angekommen, sah ich Elviras Schwester vor der Tür zur Intensivstation. Ihr Sohn Andre ist auch gerade hier im Krankenhaus. Er bekommt gerade seine dritte Chemotherapie. Sie durfte nicht zu dir. Fragte, wie es dir geht und ich sollte dich ganz lieb grüßen.

Da du keinen Besuch während der Aufwachphase bekommen sollst, musste ich sie vertrösten, genau wie alle deine Freunde.

Du bist teilweise wach, aber ob und was du mitbekommst, weiß ich nicht. Aber mein Gefühl sagt mir, dass du einiges mitbekommst.

Mache dir Musik an und hoffe, es gefällt dir.

Das Kühlgerät ist nun weg und dein Fieber ist runter. Aber ein Beruhigungspflaster hast du noch am Arm. Das ist wichtig, damit du dich nicht so aufregst, nicht so viel bewegst. Die vielen Eindrücke besser verarbeiten kannst du und keine Schmerzen hast. Das macht dich müde, aber sediert dich nicht ganz.

Deine Atmung wird auch immer besser. Alles in einem, alles gut. Wer hätte das gedacht. War es doch so lange so kritisch. Wir wussten oft nicht, ob du überlebst. Daher bin ich jetzt sehr dankbar.

Ich habe gestern beim DKW-Club angerufen. Das ist ein Automobil-Oldtimer-Club. Du bist da Mitglied und fährst ja auch einen DKW. Einen Audi 1000S.

Jochen und Olaf, Mitglieder des Vereins, lassen dich lieb grüßen.

Morgen kann ich nicht in den Laden, ich muss dringend in die Kitas nach Hamburg.

Abrechnung machen, einkaufen, Mails beantworten usw.

Natürlich komme ich auch zu dir.

Mittwoch, 04.03.

Drei Wochen ist es nun auf den Tag genau her.

Wie immer, viele Fragen. Lange musste ich wieder im Wartebereich warten. Die Schwester, die seit drei Tagen bei dir Dienst hat, ist die erste Schwester, die sehr unfreundlich ist. Sie ist sehr ernst, antwortet fast gar nicht. Sieht mich immer böse an. Ist sehr hart und gefühllos. Zickig und für mich inkompetent. Mich gruselt es fast. Bis jetzt waren alle so nett und ich fühlte mich sehr, sehr gut aufgehoben und informiert. Mich treibt es um, wie geht sie mit dir um, wenn ich nicht da bin. Vielleicht tue ich ihr Unrecht. Aber ich habe kein gutes Gefühl. Soll ich sie fragen, was sie für ein Problem hat? Braucht sie eventuell auch Hilfe? Auch die Pflegekräfte sind nur Menschen und haben ein Privatleben. Wer weiß, aber wer in so einem aufreibenden Beruf arbeitet, wo so viel davon abhängt, nämlich das Leben der Patienten, sollte emphatisch sein.

Als ich zu dir hereingekommen bin, warst du wach und drehtest dich sofort zu mir um. Du regst dich auf, dein Puls steigt. Ich halte dich fest, küsse dich, versuche, dich zu beruhigen. Dir laufen die Tränen herunter. Ich weinte mit. Ich erzählte dir, wo du bist, was passiert ist. Dass du sehr krank bist, aber wir das schaffen, dass du wieder gesund wirst. Ich versuche, dich zu beruhigen und du brauchst dir keine Sorgen zu machen. Da du dich so aufregst, weine ich und ich werde hinausgeschickt. Sicher auch besser so. Die Schwester wollte mir das Weinen verbieten! Das geht gar nicht, auch wenn sie recht hat. Ich soll nicht so viel Gefühle zeigen, mich zusammenreißen und stark sein. Aber wie denn? Daher bin ich rausgegangen und versuche, mich zu beruhigen. Diese Frau hat einfach keine Ahnung. Ich vertraue mich Uwes Arzt an.

Ich erfahre nun, dass du in die REHA kommen sollst. Nach Bad Segeberg. Ich bin so aufgeregt und überrascht. Ich hatte damit heute und auch für die nächsten Tage gar nicht gerechnet.

Ich freue mich so sehr. Der vierte Abschnitt zu deiner Genesung kommt nun.

Erst die Tragik, die Lebensgefahr, dann die langsame und schwierige Genesung auf der Intensivstation. Die Aufwachphase, OPs und alles, was in den letzten Wochen passiert ist.

Welche Phase die schlimmste war, kann ich gar nicht beantworten.

Morgen nun sollst du schon in die REHA. Diese REHA ist so wichtig, dass du so gefestigt wirst, dass du gut alles mitmachst. Ich muss dich so stärken, dir viel Mut machen. Der Arzt betonte das so deutlich, weil Patienten in deiner Lage und du auch, oft Depressionen haben.

Ich machte deutlich, dass ich alles machen werde, damit du gesund wirst. Na klar, was denn auch sonst?! Als ich wieder zu dir ins Zimmer kam, hast du geschlafen. Die Schwester hatte dir ein Schlafmittel gegeben! Allerdings verneinte sie das. Ich konnte es ihr natürlich auch nicht nachweisen. Aber vielleicht täuschte ich mich und tat ihr Unrecht. Mir war das auch gerade egal. Die Freude, dass du morgen in die REHA kommst, machte mich einfach nur glücklich. Du wurdest aber noch einmal wach. Du hast mich angesehen. Ich hatte das Gefühl, du wolltest mir etwas sagen. Wieder erzählte ich dir, was passiert war. Dass du morgen in die REHA nach Bad Segeberg kommst. Dass es nun täglich besser wird. Wenn ich nur wüsste, was du denkst, was du eventuell wissen möchtest. Da ich das nicht einschätzen kann, erzähle ich und höre fast gar nicht auf.

Nun bist du fest eingeschlafen. Du hältst meine Hand noch fest. Ich bleib' noch etwas und gehe nun los. Fahre nachhause. Ich habe auf dem Weg nachhause tausend Gedanken.

Rufe alle Freunde an und die Familie.

Ein schöner Tag. Nie wieder in die Uniklinik Lübeck. Ab morgen dann REHA Klinik Bad Segeberg.

Ein neues Kapitel …

Vierte Phase/Erster Tag
in der REHA Bad Segeberg

Donnerstag, 05.03.
Heute ist ein wichtiger Tag auf dem Weg zu deiner Genesung.
Du sollst endlich in die REHA Bad Segeberg verlegt werden.
Was für ein Meilenstein, ein wichtiger. Ich bin so aufgeregt. Freu' mich so sehr. Aber immer die Gedanken und tausend Fragen.

Hoffentlich geht alles gut. In Gedanken bin ich bei dir. Ich darf leider nicht dabei sein. Ich darf aber später zu dir in die REHA-Klinik kommen. Hoffentlich regst du dich nicht so sehr auf!

Ich darf ab 16 Uhr zu dir. Die Zeit vergeht einfach nicht. Wann kann ich endlich los. Ich konnte es nicht mehr aushalten und war etwas früher bei dir.

Eine Schwester nahm mich in Empfang. Erklärte mir alles und gab mir eine Menge Papiere zum Lesen und Unterschreiben. Ich war überfordert und bat darum, alles mit nachhause zunehmen. Was die alles wissen wollten. Warum nur, frag' ich mich und nehme mir vor, morgen nachzufragen.

Ich kann endlich zu dir. Als ich hereinkam, stieg dein Blutdruck. Du warst sichtlich aufgeregt. Sicher war die Fahrt hierher schuld. Wahrscheinlich verstehst du auch nicht alles. Du siehst zu mir, aber du hattest einen ganz leeren Blick. Irgendetwas stimmte nicht.

Wenn ich nur wüsste, erkennen könnte, ob du mich wirklich siehst, mich verstehst, mich erkennst. Es ist so schwer. Immer schwerer. Erwarte ich zu viel? Bin ich zu ungeduldig? Ich kann nichts machen, außer einfach da sein, bei dir sein.

Mein erster Eindruck von dieser Station war nicht gut. Ich war total geschockt. Uwe war nun auf der Intensivstation der Früh Reha.

Das wusste ich nicht, dass Uwe wieder auf die Intensivstation kommt. Das hatte ich mir anders vorgestellt.

Leider verstand ich die Ärztin auch kaum. Sie sprach sehr schlecht Deutsch. Man erzählte mir, dass zurzeit 36 Intensivpatienten auf der Station sind. Leider zu wenig Personal anwesend sei. Ich müsste Geduld haben. Ich? Wohl eher die Patienten. Der zweite Eindruck ist noch schlimmer als der Erste.

Aber ich werde erst einmal abwarten. Vielleicht reagiere ich über.

Also tief einatmen und zur Ruhe kommen.

Die Ärztin fragt mich: „Soll es lebenserhaltende Maßnahmen geben? Oder sollen lieber die Geräte abgestellt werden?"

Ich war geschockt und dachte, ich höre nicht richtig. Das fragt diese Ärztin nicht wirklich? Jetzt? Nach so einem langen Kampf bis hierher. Hier soll Uwe doch eine REHA bekommen?

Ich erklärte ihr, dass wir einen langen Weg hatten und viele Momente sehr kritisch waren. Diese Überlegung hatten wir.

Aber nun sei doch die akute Zeit vorbei!?

Dann fragt sie mich, ob du körperlich gesund seist. Wie bitte? Was passiert hier gerade. Sie sieht doch, in welchem Zustand du bist. Hat sie die Krankenunterlagen nicht gelesen? Ist sie überhaupt Ärztin?

Ich erklärte ihr, dass du hier in der REHA alles erdenklich Mögliche getan werden sollte und muss. Sie sah mich von oben bis unten mit arrogantem Blick an. Meinte, ich solle mir keine Hoffnung machen!

Ich bin entsetzt. Das träume ich, oder? Was für ein Unterschied. Uni Klinik Lübeck, da fühlte man sich ernst genommen. Leisteten Unglaubliches, immer nett und gingen über ihre Grenzen. Der Patient war das Wichtigste. Und nun hier. Am liebsten hätte ich Uwe sofort wieder nach Lübeck gebracht.

Ich durfte nur noch kurz zu dir. Ich war so traurig, so enttäuscht. So wütend und und und …

Ich verabschiedete mich von Uwe. Mein Gefühl war nicht gut. Ich wollte dich hier gar nicht allein lassen. Aber ich musste. Ich durfte nicht bleiben.

Völlig aufgelöst fuhr ich nachhause. Ich rief sofort Sabine an und erzählte ihr alles. Wir weinten zusammen und waren ratlos. Wir beschlossen dann, ein paar Tage abzuwarten und eventuell dann zu handeln. Uwe verlegen?

Freitag, 06.03.

Der zweite Tag in der REHA. Ich fahre mit einem unschönen Gefühl los. Als ich ankam, warst du wach. Ich sprach dich an und du hast deine Hand gehoben. Aber dein Blick war so leer. Das war schon lange nicht mehr so. Was war passiert? Du liegst auf einer Kühlmatratze. Hast du Fieber? Ich frage nach, aber niemand konnte mir eine Antwort darauf geben. Keiner hatte Zeit, ich sollte warten und Geduld haben. Ich verlangte, einen Arzt zu sprechen. In ca. einer halben Stunde sollte ein Arzt kommen. Ich merke, wie ich immer unruhiger werde. Ich bin total angespannt. Du bist fest eingeschlafen. Du wirst auch gar nicht mehr wach.

Du hast einen Bettnachbarn. Er erzählt, dass er schon drei Wochen hier liegt. Aber nichts passiert. Jeden Tag muss er kämpfen, dass etwas passiert. Die Umstände sollen furchtbar sein. Also war mein Eindruck nicht verkehrt.

Ich bemerke, dass du ins Bett gemacht hast. Ich gehe und mache darauf aufmerksam. Nach fast einer Stunde war noch immer niemand da. Nun werde ich wirklich sehr ärgerlich. Ich bekomme Bauchschmerzen. So etwas geht doch gar nicht!? Aber der Bettnachbar meinte, dass das jeden Tag hier so ist.

Sage nun deutlicher und lauter Bescheid. Zeige deutlich, wie ärgerlich ich bin. Ich verlange erneut einen Arzt, denn auch der war noch immer nicht gekommen.

Endlich nach fast zwei Stunden kommt eine Ärztin. Ich erkläre ihr, was auf der Station los war. Die Schwester wurde gerufen und keifte schrecklich im Flur herum. Ich konnte nicht alles verstehen, denn auch diese Schwester sprach wenig bis kein Deutsch.

Nicht, dass ein falscher Eindruck entsteht. Ich habe überhaupt kein Problem mit Menschen mit Migrationshintergrund. In meinem Team habe ich einige Mitarbeiter aus verschiedenen Ländern, Herkunft und Sprache. Ich habe täglich mit diversen Menschen zu tun. Ich mag diese Menschen und habe keinerlei Vorbehalte. Ich machte deutlich, dass ich nicht möchte, dass so respektlos mit mir gesprochen wird. Ich möchte mit der Ärztin allein sprechen. Ich erklärte nun in Ruhe, so ruhig wie ich nur konnte, was ich bemängle und was passiert ist bzw. eben nicht.

Es muss doch möglich sein, dass auf die nötige Hygiene geachtet wird. Gerade hier auf dieser Station, wo schwer kranke Patienten liegen. Die Würde beachtet werden muss! Das ist das Recht eines jeden Menschen!

Ich verstehe ja auch die Personalsituation, aber das darf nicht das Problem der Patienten sein.

Man versprach mir, dass sich darum gekümmert wird. Wieso glaub' ich das nicht? Aber nun gut, ich werde sehen.

Ich erklärte der Ärztin meine Sorgen und Ängste. Wieso schläfst du hier nur? Das war schon anders. Dein Blick ist so leer. Wirst du sediert? Aber das wurde verneint. Du bekommst lediglich Schmerzmittel. Auch ein Kombimittel sei nicht gegeben worden.

Ich möchte eine Erklärung für deinen schlechten Zustand. Angeblich sollte die Fahrt schuld sein. Okay, das kann natürlich sein.

Mein Eindruck war schlecht. Ist das eine REHA, wo Patienten wieder so gut es geht genesen? Ins Leben wieder zurückkönnen?

Ich habe eher den Eindruck, dass hier Patienten abgestellt werden. Abgestellt zum Sterben. Ich teilte meine Gedanken mit der Ärztin. Dieses wurde natürlich energisch abgelehnt.

Ich fragte nun, wie es mit Uwe weitergehen soll, wird.

Mir wurde erklärt, dass es sicher noch mindestens drei Wochen dauern wird, bis du von der Beatmung abgewöhnt wirst. Wie bitte? Aber das wurde ja schon in Lübeck angefangen?

Und dort erklärte man mir das ganz anders.

Dann meinte die Ärztin, dass diese Klinik die Beste sei! Alle anderen REHA-Kliniken waren viel schlechter. Ich konnte nur müde lächeln.

Die Angehörigen vom Bettnachbarn teilten mir mit, dass der Patient schon drei Wochen hier sei und immer nur schlafen würde. Es wird einfach nicht besser. Der Gesundheitszustand wird eher immer schlechter.

Ich mache mich im Internet schlau. Keine guten Kommentare! Also wieder eine Bestätigung dafür, dass hier wenig stimmt. Ich überlege, ob ich Uwe verlegen lasse. Informiere mich. Rufe sogar in Lübeck an. Aber es scheint sehr schwierig zu sein, eine andere Rehaklinik zu finden.

Oder sind meine Nerven am Ende. Kann ich gar nicht mehr objektiv sein?

Ich spreche jeden Tag mit Sabine und wir beschlossen noch ein oder zwei Tage zu warten.

Sonntag, 07.03.

Das vierte Wochenende ohne dich. Seit drei Tagen bist du nun in Bad Segeberg.

Gestern Abend habe ich mich über Lars etwas geärgert. Ich war enttäuscht, wütend und traurig. Er hat sich beschwert, dass ich nicht sofort angerufen habe, als du verlegt wurdest. Ich habe aber Carina und Sabine Bescheid gesagt und dachte ja, dass es weitergegeben wird. Ich habe doch nun genug Sorgen.

Es war unhöflich und nicht angemessen. Ich erzählte das auch Sabine. Sabine meinte, ich würde alles an mich reißen und wäre empfindlich. Ich war sprachlos, nun auch Sabine?!

Heute waren Lars und Sabine bei dir. Sogar zwei Stunden. Lars machte mich gleich wieder unnötig an. Er könnte doch auch mal bei mir anrufen und nachfragen, was gerade anliegt und wie es Uwe geht. Ich weiß doch nicht, wo mir der Kopf steht, und versuche, alles zu schaffen, zu helfen. Auch ihm und Christiane und Carina. Ohne mich würde alles den Bach herunterlaufen.

Ich kann nicht alles allein schaffen, bin auch nur ein Mensch. Scheinbar kann ich Lars gerade gar nicht gerecht werden. Meine Nerven können nicht mehr. Ich gehe weinend raus. Als ich wieder kam, entschuldigte sich Lars bei mir. Ich freute mich darüber und war froh. Na klar, auch bei Lars liegen die Nerven blank.

Du warst heute ganz ruhig und ich glaube, du hast es genossen, dass deine Kinder da waren.

Aber als beide gegangen waren, weintest du. Das tat mir so leid. Es war so traurig. Wir weinten beide. Dabei soll ich doch stark sein. Aber das geht nicht immer. Aber wir beruhigten uns beide schnell. Du wurdest wieder ruhiger. Als du eingeschlafen bist, bin ich nachhause gefahren.

Mich hat dieser Tag richtig platt gemacht und ich weinte den ganzen Abend, bis ich eingeschlafen bin.

Sonntag, 08.03.
Heute wollen Sabine und deine Mama kommen. Deine Mama war wieder sehr tapfer. Sie hat das großartig gemacht. Sie war stark und bestimmend. Redete mit dir ganz klar und deutlich. „Alles wird gut, mein Sohnemann", sagte sie.

Streichelte dich. Sabine lief um dich herum. Du wurdest unruhig. Das war wohl etwas zu viel heute für dich. Dein Blutdruck ging schnell hoch und war schon auf 217/201. Wir holten sofort einen Arzt. Ich musste raus, ich ertrug das nicht mehr. Nach ca. dreißig Minuten ging ich wieder zu dir. Dein Blutdruck wurde nun ständig gemessen und ging schon wieder runter. Sabine und deine Mama sind gegangen. Du wurdest ruhiger und hieltest meine Hand fest. Aber auch Tränen liefen dir runter. Ich erklärte dir immer wieder alles. Alles wird gut, wir müssen Geduld haben. Um deinen Laden kümmern wir uns. Auch deine finanzielle Lage habe ich zurzeit im Griff.

Du wirst zwar immer wacher, aber was verstehst du tatsächlich? Ich habe das Gefühl, du verstehst immer besser. Sicher bin ich mir, dass du uns erkennst.

Immer wenn ich mich von dir verabschiede, weinst du. Das zerbricht mir das Herz. Ich blieb dann oft doch noch länger. Aber ich musste leider auch irgendwann gehen. Barni wartete. Die Arbeit blieb liegen.

Ein netter Pfleger meinte, ich könne ruhig gehen. Er kümmert sich um dich. Er wird sicher einschlafen.

Ich konnte nicht mehr. Sabine und deine Mama nahmen mich in den Arm und beruhigten mich.

Du wirst täglich wacher und begreifst immer mehr. Du begreifst aber auch, wo du bist. Dass du dich nicht bewegen kannst. Dass du dich nicht selbst verständigen kannst. Das alles ist ein gutes Zeichen.

Ich rief Micky an und erzählte ihm alles. Er versprach, die nächsten Tage zu kommen. Er erklärte mir, wie schwer es für ihn ist, Uwe so zusehen.

Ich verstehe es nur zu gut. Uwe würde sich aber sicher freuen, wenn er kommen würde und auch alle anderen.

So ging es nun täglich weiter. Ich kümmerte mich um den Laden. Es lief ganz gut und ich konnte das Geschäftskonto in den Plusbereich bringen.

Es kamen nun fast täglich Freunde zu Besuch. Das bekam dir ganz gut. Auch deine Beatmung wurde langsam heruntergefahren.

Du bekommst Therapien. Aber oft machst du nicht mit. Das ist nicht förderlich.

Hin und wieder kommt Christiane in den Laden. Ich schwanke, zwischen nett, interessiert und wütend. Christiane hat durch ihren Anwalt mitteilen lassen, dass du nicht in der Lage bist, Termine einzuhalten und Entscheidungen zutreffen. Wir müssen damit rechnen, dass nun ein Amtsvormund für den Laden bestellt wird! Aber es wird deutlich, dass Christiane anstrebt, die Vormundschaft zu bekommen.

Du musst also schnell gesund werden, damit du uns erklären kannst, was du möchtest.

Uwe, du musst mir helfen. Werde schnell gesund!

Heute war Elvira bei dir. Sie rief mich sofort an und war sich sicher, dass du sie erkannt hast. Ich lächelte und wünschte ihr das.

Immer mehr Besuch kam zu dir. Du erkanntest sicher auch alle. Ute machte mit dir Reiki. Sie ist davon überzeugt, dass es dir hilft. Wir wollen alles machbar machen, also nur zu, Ute.

Mittwoch, 11.03.

Ich dachte, ich kann die Tage mehr zusammenlegen beim Schreiben. Möchte ja nicht, dass es zu langatmig oder langweilig wird. Aber das ist fast nicht möglich. Es passiert jeden Tag so viel und so viel Neues. Gerade in dieser Phase.

Heute ist es einen Monat her. Alles ist anders. Jeden Tag frage ich mich, wie es weitergeht, wie wird unser Leben?

Es ist täglich ein Wechselbad der Gefühle. Meistens bin ich traurig und weine immer noch viel. Wenn ich allein bin.

Ich vermisse dich so sehr. Ein Leben ohne dich kann ich mir nicht vorstellen. Egal, was kommt, ich bin immer für dich da und bin sicher, gemeinsam schaffen wir das.

Micky hat sich für heute angemeldet. Ich bin gespannt. Wie schwer fällt ihm das? Schafft Micky das?

Ich konnte heute mit deiner Logopädin sprechen. Sie war sehr nett und erklärte mir alles. Auch, was ich für dich machen kann. Das war toll und tat mir gut.

Ich spiele dir immer Musik vor. Unsere Musik, deine, und die von Carina. Ich liebe diese Stimme und ihre Lieder. Sie ist für mich ein großes Talent.

Wenn ich Carinas Lieder anmache, weinst du sofort. Ich habe immer Angst, ich mache etwas falsch. Aber ich bin mir sicher, du vermisst deine kleine Carina und bist stolz auf sie.

Micky kam. Er war so nervös. Ich denke, er wusste nicht, wie er sich verhalten sollte. Wie er mit der Situation umgehen soll. Du scheinst Micky erkannt zu haben. Du hieltest deine Hand in seine Richtung. Micky guckte zu mir und ich nickte. Er ging auf dich zu und hielt deine Hand. Er versuchte, sich zu unterhalten, und erzählte von allen deinen Freunden. Alle grüßten dich und denken an dich. Micky ging. Ich blieb noch etwas, bis du eingeschlafen warst. Es war schon 18:30 Uhr.

So geht es die nächsten Tage immer weiter. Du machst weiter gute Fortschritte. Die Logopädin ist auch zufrieden. Du bekommst viel Besuch. Das gibt mir etwas mehr Zeit, mich um mich und um die Kitas, Barni und den Laden zu kümmern. Oft weine ich und ich weine mit Uwe. Aber eine Ärztin meinte, das wäre völlig in Ordnung. Eigentlich höre ich immer, ich sollte das unterdrücken und stark sein.

Ich schneide dir heute die Finger- und Fußnägel.

Creme dich ein. Du scheinst es zu genießen. Du hast meine Hand gehalten und hast mein Gesicht in deinen Händen gehalten. Wie schön das war.

Wir hörten täglich Musik. Es tat dir immer gut. Aber sobald ich nachhause gehen wollte, war es schwer. Wir konnten uns immer nur schwer trennen. Ich musste dir immer wieder bestätigen, dass ich morgen wieder komme.

Samstag, 14.03.

Gestern Abend habe ich mit Sabine Pizza bestellt. Unterhielten uns und waren dann wohl so müde, dass wir beide eingeschlafen waren. Sabine wurde gegen 21 Uhr wach und fuhr nachhause. Heute Morgen habe ich dann in aller Ruhe einen Kaffee getrunken und sogar Zeitung gelesen. War einkaufen, bin lange mit Barni spazieren gegangen, habe geputzt, gewaschen und Kollegen angerufen, einiges geklärt und vorangebracht.

Am Nachmittag bin ich dann endlich zu dir. Sabine saß schon in der Lobby und wartete auf mich. Du hattest geschlafen. Sabine streichelt dich und kämmte deine Haare. Du wurdest wach und es gefiel dir gar nicht, dass Bine dich gekämmt hat.

Aber ich konnte es gar nicht glauben, du wurdest nicht mehr beatmet! Wir freuten uns sehr. Du hast so gut ohne Hilfsmittel geatmet. Sogar als du gehustet hast, bist du ruhig geblieben und hast weiter allein geatmet. Das ist ein großer Meilenstein in der weiteren Genesung. Nach ca. einer Stunde musstest du aber wieder weiter beatmet werden. Man erzählte uns, dass du das so gut machst, dass einige Entwöhnungsschritte übersprungen werden können. Großartige Neuigkeiten.

Sabine hat heute viel Geld im Laden eingenommen. Sie zeigt dir das Geld, ist megastolz und du lächelst. Du scheinst es zu verstehen, oder bilden wir uns das ein? Nein, ich bin mir sicher, du hast das verstanden. Als Lars gekommen ist, ist Bine gegangen. Lars und ich teilten uns alles gegenseitig mit, was passiert ist und was es Neues gibt.

Lars hat sich einen neuen Golf gekauft, 450 PS!? Wow, am liebsten würde ich auch mal damit fahren. Lars und seine Freundin fahren als Hobby Autorallyes.

Als Lars wieder weg war, versuchte ich etwas Hygiene mit dir zu machen. Die Logopädin hat mir gezeigt, wie ich deinen Mund säubern kann. Das magst du gar nicht. Zeige dir, wie du das auch allein machen kannst. Du siehst dir das Stäbchen an und fängst an zu lachen. Ich musste weinen, vor Glück. Da ich mir sicher sein wollte, ob du das gezielt gemacht hast oder ob das Zufall war, versuche ich das noch einmal und noch einmal. Du lachst. Was für ein Glücksgefühl. Ich lache mit und beide weinen und lachen wir. Es ist so unglaublich schön ... Nun bin ich mir sicher, dass du wieder gesund wirst. Ich muss natürlich sagen, dass du auf der rechten Seite gelähmt bist. Nicht sprechen kannst, eine Aphasie hast. Sicher sind auch noch andere Schäden, vor allem im Kopf, entstanden, aber das wissen wir erst in einigen Wochen.

Die Schwester kommt und will mit dir Mundhygiene machen. Du weigerst dich und ich zeige der Schwester, wie ich das mache. Uwe lacht und die Schwester ist verwundert und lacht mit.

Ich muss nun gehen, Besuchszeit ist vorbei. Aber heute weinst du nicht!

Ich gehe heute mit einem ruhigen Gefühl und bin total erleichtert. Ich bin so glücklich und hoffe, dass es so weiter geht.

Bis morgen, mein Schatz, ich liebe dich ...

Sonntag, 15.03.

Heute warst du wach, als ich kam. Du lächeltest und weintest im Wechsel. Deine Gefühle spielen dir einen Streich. Das ist in deiner Situation wohl normal. Ich beruhige dich. Heute wurdest du schon dreimal von der Beatmung abgenommen und hast das immer sehr gut gemacht. Die Schwester ließ uns allein und meinte, wir sollen uns melden, wenn etwas wäre.

Jochen R. war heute wieder bei dir zu Besuch. Du lachst ihn an und versuchst, unserer Unterhaltung zu folgen. Du scheinst einiges zu verstehen oder alles? Das Gefühl haben wir schon.

Du bekommst jetzt auch immer öfter und mehr Besuch. Das bekommt dir auch gut. Auch mir tut es gut, ich sehe mal andere Menschen und man kann sich über dies und das unterhalten.

Die Schwester kommt immer wieder und sieht nach, ob immer noch alles in Ordnung ist. Ja, war es ...

Du versuchtest, mit mir ein Versteckspiel zu spielen. Es war lustig für uns. Für Außenstehende vielleicht befremdlich, aber wir sind glücklich. Jeder Tag ist ein Tag für deine Genesung.

Die Entwöhnung strengt dich sehr an und du bist müde. Ich konnte ohne Probleme gehen.

Immer noch atme ich tief ein, wenn ich zum Auto gehe.

Immer noch sehe auf die Uhr und denke, du rufst an. Du hattest immer gegen 23 Uhr angerufen, wenn du mit Freunden unterwegs warst. Aber nein, du rufst nicht an und das wirst du wohl auch nie wieder.

Ich muss noch mitteilen, dass wir zurzeit sehr zufrieden sind, wie Uwe betreut wird. Das war leider nicht immer so. Wir mussten dafür sehr kämpfen. Ich musste mich leider am Anfang, als du in die REHA kamst, bei der Geschäftsleitung beschweren. Danach wurde es viel besser. Schade, dass man das machen muss. Es sollte selbstverständlich sein, dass Patienten gut versorgt werden, würdevoll vor allem. Dass die Zimmer sauber sind und alle Hygienevorschriften beachtet werden. Das war leider nicht immer so. Ich habe natürlich für die Personalsituation Verständnis, aber nicht alle Angehörigen können etwas dazu sagen oder können sich wehren. Das tut mir so leid.

Aber es hat scheinbar etwas gebracht. Die Situation ist besser geworden.

Alles lief aber gerade gut. Auch im Laden machten wir gute Umsätze. Ich konnte jede Woche viel Geld aufs Konto überweisen. Aber heute sollte der Tag unschön werden. Als ich zu dir kam, weintest du. Ich konnte dich auch nicht beruhigen. Da sah ich, warum. Ich sah, was ich nie sehen wollte und auch klar kommuniziert hatte. Du wurdest fixiert. An Händen und Füßen!

Ich war so entsetzt, machte dich sofort los und ging zur Schwester, die mich zu deinem heutigen Pfleger verwies. Er meinte nur: „Was soll ich denn machen? Er ist so unruhig, da bleibt nur fixieren oder sedieren." (Schlafmittel geben)

Ich war entsetzt! Ich betonte deutlich, dass ich das nicht dulde und dass ich das auch deutlich mitgeteilt habe. Das ist laut Gesetz eine Freiheitsberaubung und verboten. Und wenn es sein muss, dann nur mit Absprache!

Auch von der Beatmung wurdest du heute nur für ca. 1,5 Stunden abgemacht! Als ich ihm mitgeteilt habe, dass du schon mehrfach für mindestens drei Stunden ohne Gerät atmest, meinte er nur ich lüge!

Das war zu viel, nun ging er zu weit. Er wurde sogar etwas frech und meinte, er mache nur Dienst nach Vorschrift. Ich könnte mich ja mal wieder beschweren.

Ich fände es gut, wenn man Dienst nach Vorschrift macht, aber dann doch bitte immer und auch nach Vorschrift.

Ich zeigte dem Pfleger, dass Uwe Blasen und Druckstellen am Fuß hätte. Er meinte schnippisch: „Ist doch nur eine Blase!"

Ich merkte, wie ärgerlich ich wurde. Bevor es eskalierte, bat ich die Schwestern, die Ärztin zu rufen. Nach ca. einer Stunde kam sie auch. Ich erklärte, was passiert war. Auch sie erklärte, dass du heute sehr unruhig und nervös warst. Das musste ich auch bestätigen. Ich erlebte dich auch so. Aber ist das ein Wunder?!

Du warst ständig in Bewegung, kratzt dich, raufst dir die Haare und reißt an deinem Katheter. Das war sehr gefährlich.

Irgendetwas schien dich zu beunruhigen. Aber was? Die Ärztin meinte, dass wir dir etwas zur Beruhigung geben sollten. Ich sah das ein, zu deiner Sicherheit und stimmte zu.

Auch für die Nacht, damit du schlafen kannst und dir nichts herausreißt. Machte aber noch einmal deutlich, nur wenn es wirklich nicht anders geht, und auf keinen Fall darf er fixiert werden.

Heute war dein Freund Uwe da. Auch Bernd aus Schwerin. Du lächelst beide an. Heute bist du wieder etwas ruhiger.

Ich konnte mich mit beiden gut unterhalten und Uwe versuchte zu verstehen. Beide waren auch sehr locker mit Uwe.

Ich ging und hoffte nur, dass sie dich nicht wieder festbinden, fixieren!

Dienstag, 17.03.

Heute war der Tag nicht so schön. Peter war total schlecht gelaunt und sogar aggressiv mir gegenüber. Seine Grundeinstellung war schlecht. Klar, auch er hat nur Nerven und vermisst Uwe. Aber ich erwarte mir etwas Respekt. Ich habe sein Verhalten immer ignoriert, aber heute war es zu viel. Er meinte, dass ohne ihn der Laden nicht laufen würde. Peter rastete weiter aus. Ich untersagte Peter sein unnötiges Verhalten.

Er brüllte und schimpfte weiter. Bevor Kunden kommen und das mitbekommen, versuchte ich ruhig zu bleiben bzw. zu werden. Peter ging in die Werkstatt.

Später versuchte ich vergeblich noch einmal, mit ihm zu reden. Aber es war nicht möglich. Ich meinte, dass er freiwillig hier wäre, niemand zwingt ihn. Ich bezahle ihn ja für seine Arbeit, auch für die Mehrstunden. Ich möchte, dass man mit mir ordentlich spricht, ich mache das auch. Aber es half alles nichts. Er brüllte, knallte die Tür zu und meinte, er könne eben nicht mit Frauen arbeiten! Wow, das saß mal. Was ich in diesem Moment dachte, schreibe ich lieber nicht. Ich denke, wenn er nicht gegangen wäre, hätte ich Peter gebeten zu gehen.

Ich bin gespannt, ob Peter weiter in den Laden kommt.

Heute ging ich mit gemischten Gefühlen zu dir. Ich musste warten, du hattest Therapien. Konnte mit deiner Therapeutin sprechen und sie meinte, dass du sehr gute Fortschritte machtest. Ich sah auch sofort, dass Zugänge weg waren. Du bekommst nun Nahrung und Flüssigkeiten über die Magensonde. Ich war überrascht und freute mich natürlich. Wieder ein Schritt in Richtung Genesung. Auch deine Beatmung ist nur noch hin und wieder zur Unterstützung dran. Carina und Lars waren heute bei dir. Wir redeten und erzählten. Und immer wieder fragten wir uns, was verstehst du?

Carina spielt dir Musik vor, AC/DC. Du bist ruhig.

Lars erzählt von seinem Golf und strahlt. Carina meinte, es sei wir Achterbahn fahren. Etwas Angst hatte sie. Lars lacht und du auch!

Ich fuhr nachhause, wie jeden Abend. Zu Hause weinte ich mal wieder. Die Nerven.

Morgen habe ich ein Gespräch mit deiner Psychologin. Ich bin gespannt.

Mittwoch, 18.03.

Das Gespräch bei deiner Psychologin war gut. War auch für mich gut, da ich mich auch mitteilen konnte. Das tat gut.

Ansonsten machtest du täglich weiter gute Fortschritte. Mal mehr, mal weniger. Mal warst du müde, mal wacher. Mal lachst du, mal weinst du.

Aber heute hatte ich das Gefühl, dass du versuchst du sprechen. Oder dachte ich das nur? Spielen meine Nerven mir einen Streich?

Du hast sogar versucht aufzustehen, immer wieder und lachst.

Dein Freund Uwe kam heute. Das freute mich. Ich kann mit Uwe immer gute Gespräche führen. Auch Ute kam heute. Wir hatten Frieden geschlossen. Eine gewisse Anspannung war deutlich. Aber wir respektieren uns.

Heute hattest du sogar für kurze Zeit im Stuhl gesessen. Juhu!

Donnerstag, 19.03.

Ich versuche eigentlich jeden Tag, die Tage zusammenzufassen. Aber es ist schwer, denn jeder Tag ist ein besonderer Tag. Jeden Tag passieren so viele Dinge.

Heute war ein ganz furchtbarer Tag im Laden.

Peter kam erst um 10 Uhr. Sonst gegen 8 Uhr, aber spätestens um 9 Uhr. Ich denke, er wollte mich ärgern. Konnte er aber erst einmal nicht.

Er fing sofort an zu schimpfen, brüllte. Auch als ich ihn um Ruhe ermahnte, hörte er nicht auf. Frauen seien alle dumm und wollen nur das Geld der Männer. Bine und ich wären faul und überfordert.

Aber das alles war nichts zu dem, was dann kam.

Er meinte: „Uwe liebt dich nicht, das erzählt er auch jedem und überall." Ich wäre dumm und er wäre nur mit mir zusammen, weil ich Geld hätte. Ich fragte nach und er sagte das noch einmal.

Nun konnte ich nicht mehr und brach zusammen. Weinte ...

Ich hätte ihn hinausschmeißen sollen, aber ich? Ich habe nichts zu sagen und Peter ist sein Freund und Mitarbeiter. Ich war verletzt, sehr verletzt. Was kann und muss ich nun noch aushalten?

Dein Freund MM kam in den Laden und sah mich so.

Er fragte, was passiert wäre, und ich erzählte ihm alles. MM war so wütend, so kannte ich ihn noch nicht. MM ist so ein liebenswerter Mensch. Ich wollte Peter kündigen, aber wie denn? Und dann? Ich denke, genau das wusste Peter und hatte Oberhand.

MM redete mit Peter. Ich beschloss, kein Wort mehr mit Peter zu sprechen. Schauen wir mal, wie es weiter gehen kann.

Heute habe ich mit dir am iPad Bilder angesehen. Du warst sehr aufmerksam und oft dachte ich, du denkst nach, was du gerade siehst.

Sabine und Volker waren da. Es war ein schöner Nachmittag. Das brauchte ich auch, nach dem schrecklichen Vormittag. Ich erzählte Bine und Volker davon. Beide vergewisserten mir, dass Peter lügt. Uwe liebt dich sehr. Ich wusste das ja auch, aber ich war schon auch verzweifelt.

Dazu kommt noch, dass Ute mir sagte: „Das letzte Wort mit dir und Christiane war noch nicht gesprochen."

Ich grübelte und meine Gedanken waren trübe.

Weiter ging es bergauf mit dir. Du warst immer öfter und länger aus deinem Bett. Den Kreislauf stabilisieren. Ich denke, du konntest dich immer mehr erinnern. Am schönsten war, als du mich versucht hast zu umarmen. Wie schön das war.

Damit du dich langsam daran erinnerst, wie normale Nahrung und Getränke schmecken, haben wir uns einiges überlegt.

Ich tränkte Tücher, Schwämme mit verschiedenen Getränken. Süß, sauer.

Das gefiel dir und du hast gelacht. So sehr, dass dein Bettnachbar auch mit lachte.

Das muss ein Glücksgefühl sein. So lange hast du nichts mehr oral zu dir genommen. Nur über die künstliche Ernährung über die Magensonde und der Infusionen.

Es macht so viel Spaß, mit dir jeden Tag Neues zu lernen.

Bitte mache weiter so.

Ich vermisse dich.

Ich weiß genau, ich liebe dich und du mich.

Samstag, 21.03.

Ich bin heute etwas aufgeregt. Es soll sich ein junger Mann im Laden vorstellen und uns hoffentlich unterstützen.

Da wir mit Peter weiter große Probleme haben, wäre es eine große Erleichterung, wenn er uns unterstützen würde und könnte.

Eventuell müssen wir auch für später nachdenken. Was ist, wenn du es nicht mehr schaffst, im Laden zu arbeiten bzw. die Werkstatt zu machen?

Allerdings können wir uns auch keinen weiteren Mitarbeiter leisten.

Aber ich wäre bereit, dann dafür aufzukommen, wenn es passt.

Deine Genesung wird sicher noch ein bis drei Jahre dauern.

Und meine Kraft geht auch immer weiter zu Ende. Also viele Gründe, jemanden einzustellen.

Die Streitigkeiten mit Peter, deine angeblichen Aussagen von dir und auch von Ute nagen an meinen Nerven.

Habe ich mich vielleicht doch getäuscht?

Mir geht es heute nicht gut. Ich komme aus dem Grübeln nicht raus.

Aber zum großen Glück, der junge Mann war super. Er war Zweiradmechaniker und wollte seinen Meister machen. Er hatte schon von dir gehört und wollte uns helfen.

Ich war glücklich und freute mich auf die Zusammenarbeit. Er hatte viel Erfahrung und war topfit. So konnte ich mich auch etwas zurückziehen.

Der Frühling war angekommen. Aber es regnete. Es änderte sich täglich zum Guten. Es wurde immer besser mit dir. Ab und zu gab es auch mal schlechte Tage, aber das ist normal, wenn man bedenkt, in welcher Lage du warst und wie lange schon.

Heute war es schlimm. Du warst so unruhig und versuchtest, wieder alles abzureißen. Auch ich konnte dich nicht davon abbringen. Sogar böse wurdest du zu mir. Das nahm mir so viel Kraft. Sie wollten dich fixieren. Aber ich lehnte ab, keine Option!

Dann bekamst du einen Handschuh zum Schutz. Damit musste ich nun einverstanden sein. Aber nun wurdest du noch wütender.

Ich war so traurig, ging zum Fenster, damit du das nicht siehst. Kurze Pause, aber es ging weiter.

Du bekamst etwas zur Beruhigung, schliefst ein und ich fuhr nachhause.

Immer mehr Arbeit bleibt auf mein Schreibtisch liegen. Also beschließe ich, heute viel abzuarbeiten.

Am Nachmittag bei dir war es heute viel ruhiger. Du zeigtest mir gleich deine Hand mit Handschuh. Ich nahm ihn dir ab.

Wie du dich gefreut hast. Ich hatte das Gefühl, du hast verstanden, warum du diesen Handschuh hattest.

Du hattest viel Besuch. Carina, Lars, MM und Geli waren da.

Deine Mimik im Gesicht wurde auch immer stärker, ausdrucksvoller. So konntest du irgendwie mit uns kommunizieren.

Vor zwei Wochen war an das alles gar nicht zu denken. Ich bin dankbar.

Beim Verabschieden gab ich dir wie immer einen Kuss. Und was soll ich schreiben, du hast diesen Kuss erwidert! Du hast sogar gewunken und mir einen Handkuss zugeworfen! Das nenne ich Glück!

Ach, und noch eines. Heute acht Stunden ohne Beatmung!

Montag, 23.03.

Eine neue Woche.

Die Situation mit Peter wird nicht besser. Wir reden nur noch das Allernötigste. Er macht die Reparaturen gut. Aber die E-Bikes zu reparieren, lehnt er ab. Er versucht zumindest, etwas netter zu sein. Teilt aber auch mit, dass er nur noch bis Ende der Woche bleibt.

Wenn ich ihn um Hilfe bitte, sagt er: „Du kannst doch lesen." Ich schwanke zwischen lächeln und geh bitte sofort. Aber dir zuliebe, lächle ich. Sogar Lars ist mittlerweile genervt. Und das soll was heißen.

Der Laden läuft aber weiter gut und ich konnte immer gutes Geld aufs Konto einzahlen.

Heute war dein Freund Uwe bei dir. Er erzählte uns, dass er mit seinem Goggomobil durch Polen gefahren ist. Uwe hat dir eine Dose Warsteiner Bier mitgebracht. Du hast gelacht.

Ich finde die Geschichten und Erzählungen interessant.

Uwe erzählte mir, dass er nachdenklich geworden ist. Er wäre allein. Wenn er mal so krank werden sollte, hätte er Angst davor. Denn dann wäre niemand da, um sich um ihn zu kümmern, das macht ihm Angst. Uwe hätte so viel Glück und das freut ihn. Uwe bedankt sich bei mir.

Ich finde allerdings nicht, dass es Glück ist. Für mich ist es normal. Du bist sehr krank und brauchst Hilfe. Für mich selbstverständlich. Wenn Menschen sich lieben, sollte es selbstverständlich sein. Oder etwa nicht?

Mittlerweile bist du immer öfter aus dem Bett. Ich schreibe dir Namen auf Papier. Kannst du das lesen? Ja, du kannst. Du zeigst auf deinen Namen und dann auf dich. Auch auf meinen Namen und dann auf mich.

Du möchtest immer mehr davon.

Immer öfter wird davon geredet, dass du eventuell bald auf die normale Reha Station kommst. Wie schön und ich kann es nicht erwarten.

Mittwoch, 25.03.

Ich musste heute zum Amtsgericht Ratzeburg. Deine Vormundschaft bestätigen. Eine große Verantwortung, aber sie muss wohl sein. Es ist besser, wenn das nur eine Person macht. Dann ist man handlungsfähiger, als wenn man nimmer erst mehrere fragen muss.

Nach über sechs Wochen befinden wir uns mit dem Laden mittlerweile auch in einer Grauzone. Es müssen Entscheidungen getroffen werden. Vor allem auch Bankangelegenheiten. Ich hatte Gespräche mit der Bank, dem Anwalt und dem Steuerberater. Ich soll die Vormundschaft für alles übernehmen. Ich habe Bauchschmerzen dabei. Ich sprach mit Sabine und Volker. Mit Peter M. Alle stimmten zu. Da Lars Geburtstag hatte, wollte ich Lars am nächsten Tag sprechen.

Peter hatte viele Ideen. Er wollte helfen und auflockern. Sehr süß und lieb.

Ach, es ist alles so schwer …

Oft ist meine Kraft am Ende, aber es muss weitergehen. Ich verspreche dir und allen, ich schaffe das …

Ich wünsche mir, dass du schnell wieder gesund wirst. Schnell wieder zu Hause bist. Ich möchte nicht allein sein.

Ich freue mich auf den Rest des Lebens mit dir gemeinsam. Egal wie und was noch kommt.

Dein Wille und deine Kraft werden immer stärker. Aber es wird nun auch immer schwieriger, dich davon zu überzeugen, dass du mitmachen musst. Dich zu halten, wenn du etwas nicht möchtest. Dass du helfen musst und nicht so ein Sturkopf sein darfst. Deine Mimik verrät, dass du verstehst, aber dich auch amüsierst. Oh, oh, das ist nicht gut …

Lars ist gekommen. Ich hatte ihm ein Geschenk gegeben. Er hat sich gefreut.

Es war ein schöner Nachmittag. Uwe umarmt mich, gibt mir einen Kuss und ich kann gehen, ohne dass wir weinen.

Donnerstag, 26.03.

Peter war heute ausgesprochen nett. Kam immer wieder bei mir an und wollte reden. Ich aber nicht. Ich bin freundlich und nett, aber distanziert. Es war nicht viel zu tun. So machte ich vieles, wozu ich wenig Zeit habe. Aufräumen, umräumen, sauber machen und sogar das Blumenbeet vor dem Laden neu gestalten. Die Kunden loben es und das freut mich.

Du warst heute sehr wach. Du freutest dich, als ich kam, und umarmtest mich! Wie ich das genieße ...

Ich erzählte dir vom Tag. Zeige dir Fotos, die ich vom Laden gemacht habe. Aber irgendwie hatte ich das Gefühl, du erinnerst dich nicht oder willst du dich nicht erinnern?

Dieser Gedanke soll sich später bewahrheiten, aber dazu bald mehr.

Ich zeige dir Videos von Peter M. und Uwe. Die scheinst du zu kennen und dich zu interessieren. Du lachst.

Nun bist du schon mehr als zwölf Stunden von der Beatmung weg. Ich dränge nun natürlich auch, dass es weiter gehen muss. Dein Zimmernachbar ist heute verlegt worden. Wie schön wäre es, wenn du auch endlich verlegt wirst. Aber bestimmt bald in den nächsten Tagen. Ich hoffe so sehr.

Es geht täglich weiter bergauf. Wir hatten heute sehr viel Nähe, viel gekuschelt und du hast meine Küsse erwidert. Wir waren heute viel allein und ich habe das genossen.

Der Frühling ist immer deutlicher zu spüren. Es wird wärmer und Ostern naht. Ich fange an, den Garten zu schmücken.

Da natürlich immer wieder viel Arbeit liegen bleibt, habe ich heute viel gemacht. Sowie den Garten, den Haushalt und meinen Schreibkram für die Kitas.

Ich fahre mit großen Erwartungen zu dir. Eventuell wirst du heute entblockt. Das heißt, deine Trachealkanüle wird geschlossen. Diese wurde dir gelegt, als du im Koma lagst. Das war nötig, damit du atmen konntest. Man kennt das als Luftröhrenschnitt. Aber leider war die Logopädin heute nicht bei dir. Nur sie darf das machen. Ich war enttäuscht.

Obwohl dein Zimmernachbar eigentlich erst in ca. zwei Wochen auf die normale Reha Station verlegt werden sollte, war es heute schon so weit. Die Angehörigen und wir waren irritiert, aber freuten uns für den Patienten und die Familie.

Wir machten von uns Selfies. Die waren toll. So postete ich diese bei Facebook. Alle sollten sehen, wie deine Genesung voranging. Das kam gut an und wir bekamen schöne Kommentare. Gute Besserungswünsche und große Freude. Ich hatte Zweifel, ob das richtig war, Uwe zu posten. Aber nun war ich froh, dass ich meine Freude mit Freunden teilen konnte.

Ein schöner Tag mit dir und ich ging freudig nachhause.

Leider sind die Umstände nicht immer gut auf der Station. Oft gibt es Dinge, die ich nicht verstehe. Wenn ich nachfrage, heißt es immer: „Keine Ahnung!"

Ich konnte in Erfahrung bringen, dass du schon über 24 Stunden ohne Beatmungshilfe bist. Juhuu, aber heute ist ein Freudentag. Die Schwester entblockt deine Kanüle. Die Beatmung ist nun abgeschlossen. Die Kanüle soll aber noch bleiben, falls sie doch noch im Notfall benötigt wird.

Das war ein nötiger Schritt, damit du auf die normale Reha Station kommen kannst.

Wir versuchen, ob du sprechen kannst. Aber das war wohl noch zu früh, oder kannst du nicht mehr sprechen. Hast du eine Aphasie? Die Zeit wird es zeigen. Aber es ist nicht auszuschließen bei der Schwere deiner Erkrankung, dass es schwierig werden wird.

Du schienst auch etwas traurig zu sein, dass kein Laut herauskommt. Du versuchst, mit deiner Hand und Mimik zu kommunizieren. Ich sage zu dir: „Ich verstehe dich nicht."

Nicht um dich zu ärgern, nein, ich wollte dich ermuntern, weiter zu üben.

Aphasie kann vieles bedeuten. Von gar nicht mehr sprechen lernen, nur einzelne Worte oder kurze Sätze. Dass du Buchstaben verdrehst oder falsche sprichst, eventuell nicht lesen und schreiben kannst.

Wir müssen Geduld haben und es wird sich in den nächsten Wochen zeigen.

Eine Nachricht, die man nicht wirklich hören möchte. Aber nun heißt es, nicht aufgeben.

Deinen ersten Schreibversuch habe ich aufbewahrt.

Es ging täglich weiter voran. Obwohl es auch immer wieder Rückschläge gab.

Oft verstehe ich nicht, was hier passiert oder leider auch nicht. Oft bekommt man auf Fragen wenig bis keine Antworten. „Ist halt so", bekomme ich öfter zu hören.

Vieles versteht man nicht. Gibt es einen Grund, warum deine Verlegung verzögert wird? Viele Gedanken. Ich versuche, mit dem Arzt zu sprechen, oder sogar mit anderen Verantwortlichen. Ich möchte verstehen.

Die Besuchszeit ist bis 19 Uhr. Das wissen wir. Aber manchmal kommen Freunde nach der Arbeit zu Besuch. Da kann es schon mal etwas später werden. Aber die Schwestern haben kein Erbarmen. Wir werden immer pünktlich und sehr schroff gebeten zu gehen. Kompromisse werden nicht gemacht. Aber natürlich muss man das wohl auch verstehen. Das sind alles schwer erkrankte Patienten und die müssen versorgt werden. Für uns aber nicht immer leicht zu verstehen.

Heute traf das deinen Freund Jochen. Er war sichtlich entsetzt und bat darum, dass man auch etwas netter sein könnte.

Wir beschlossen uns zu beschweren. Jochen bestärkte mich darin und ich war froh, dass ich das nicht allein so sah. Es könnte ja auch sein, dass man einfach nur sehr empfindlich ist.

Ich möchte endlich Antworten auf meine Fragen!

Ich versuchte schon von zu Hause telefonisch einen Termin beim Oberarzt zu bekommen. Aber leider vergeblich.

Entweder waren sie krank oder für mich nicht zusprechen.

Nach zwei Stunden konnte ich einen Pfleger sprechen. Er teilte mir mit, dass du morgen eine neue Kanüle bekommst. Das heißt, du könntest dann anfangen, wieder feste Nahrung zu bekommen. Langsam natürlich, aber juhuu ein weiterer Schritt nach vorne.

Aber andere Fragen konnte oder wollte er nicht beantworten. Es kam wie immer, „Keine Ahnung".

Aber morgen, ja morgen konnte ich mit dem Oberarzt sprechen.

Montag, 30.03.

Im Laden war es ruhig. Christiane war gekommen. Sie erzählte von sich, fragte nach deinem Befinden. Small Talk, denke ich.

Ja, stimmte, denn nun kam es. Da du die Scheidungspapiere angeblich noch nicht unterschrieben hast, ist die Scheidung auch noch nicht angestrebt worden. So gehöre alles immer noch euch beiden. Sie möchte nun ihre Sachen haben. Auch ist sie immer noch arbeitslos und hat Angst, in Hartz IV zu rutschen. Dann müsse sie von dir Unterhalt bekommen. Dazu muss ich sagen, dass sie seit der Trennung allein mit Carina im gemeinsamen Haus wohnt, ohne Miete zu bezahlen. Somit ja Unterhalt bekommt. Uwe alle Kosten allein trägt. Durch seine Erkrankung alles anders und schwerer ist. Ich trage persönlich alle Kosten. Händler, Steuern und Personalkosten. Kosten, die gerade anfallen. Die Konten geben das nicht her, noch nicht.

Ich erkläre ihr, wie die Lage ist. Dass ohne mich eventuell Insolvenz angemeldet werden müsse. Die Häuser verkauft werden und und und ... Ich verstehe Christiane ja. Klar, sie hat auch Ängste, Existenzängste. Aber nun müssen wir zusammenhalten und das Beste daraus machen. Ich mache klar, dass ich alles dafür tun werde und man sich auf mich verlassen kann.

Ich glaube, ich konnte sie beruhigen.

Die Tage waren fast immer gleich.

Arbeit, Laden, Besuch bei dir. Keine Schwestern, Pfleger, die Antworten geben.

Endlich kam eine Ärztin. Die Ärztin, die eigentlich heute nicht im Hause sei!?

Aber egal, ich sprach mit ihr.

Sie meinte, du kommst erst in ca. drei Wochen auf die normale Reha. Ich verstand das nicht. Du sollst doch der Fitteste hier auf der Station sein!

Sie teilte mir noch mit, dass du heute unruhig seist und sie dir ein Antidepressivum geben will. Ich dachte, ich höre nicht richtig. Ich denke, dass du müde und traurig bist, weil es nicht vorangeht. Das merkst du doch auch. Darüber unterhalten wir uns ja ständig. Das verstehst du auch.

Oft viel Besuch, wie auch heute. Auch das macht sicherlich müde. Sie nickte und ging.

Heute waren Lars, Carina, Micky und Frank da. Das war toll und schön zu sehen, dass du nicht vergessen wirst.

Mittwoch, 01.04.

Heute war ein langer und vollgepackter Tag. Ich war endlich mal wieder in Wilhelmsburg in den Einrichtungen. Ich habe Geld gebracht, Gespräche geführt usw.

Als ich am Nachmittag bei dir ankam, bekam ich einen Schreck. Dein Zimmer war leer, du warst nicht mehr da.

Ich ging und suchte jemanden, der mir half. Endlich kam der Oberarzt. Ich hatte ihn vier Wochen nicht gesehen.

Er erzählte mir, dass du heute auf die G3 (Zwischenstation von Intensiv auf normale Reha) verlegt wurdest.

Nun war ich echt sprachlos. Du solltest doch erst in zwei bis drei Wochen verlegt werden?

Der Oberarzt ließ sich darauf ein, mit mir ein Gespräch zu führen. Angeblich wusste er nicht, dass ich so oft danach gefragt hatte. Unglaublich!

Ich konnte aber endlich alle meine Fragen loswerden und meinen Frust.

Er konnte meine Unzufriedenheit aber leider gar nicht verstehen.

Ich wäre schließlich die Einzige und Erste, die sich beschwert. Das konnte ich dementieren. Ich kannte hier auf Station niemanden, der zufrieden war. Auch die Kommentare im Internet lassen zu wünschen übrig.

Aber der Oberarzt meinte, die Patienten wären alle zufrieden! Das wurde immer merkwürdiger und wenig zu verstehen. Woher wusste er das? Alle Patienten sind Intensivpatienten und können eher nicht sprechen oder sich anders mitteilen. Hält er mich für dumm? Aber der Oberarzt lenkte dann ein. Es sei eben schwierig, Personal zu finden. Gutes Personal. Personalkosten wären hoch und sie müssten haushalten. Das wäre nicht immer leicht. Viele Mitarbeiter kommen aus verschiedenen Ländern. Das wäre und ist sicher eine gute Alternative, denke ich auch. Nur die Sprachbarrieren machen es nicht leichter.

Aber er nimmt sich Zeit für mich und erklärt mir anhand der Röntgenaufnahmen und CT Bilder deinen Zustand.

Die rechte Seite deiner Gehirnregionen ist stark betroffen. Du wirst wohl nie wieder laufen können. Wenn, dann nur mit starken Einschränkungen. Auch deine rechte Hand wirst du nicht mehr nutzen können. Der Schlaganfall war auf der linken Gehirnseite. Die Lähmungen sind dann über Kreuz, also deine gesamte rechte Seite. Leider auch dein Sprachzentrum. Du wirst wohl nicht wieder sprechen können. Wenn nur mit ganz viel Therapie, Geduld und eventuell nur einzelne Wörter.

Das war schon alles schlimm genug, aber man kann trotzdem gut leben, denke ich.

Aber es kam noch schlimmer.

Deine Schließmuskeln seien auch betroffen und werden sehr wahrscheinlich auch nie wieder richtig funktionieren. Das würde bedeuten, dass du für immer künstliche Ausgänge behalten würdest.

Mir würde übel. Das Blut schoss aus meinem Gesicht, Magenschmerzen.

Das war schlimm.

Aber ich verstehe nicht. Ich hatte doch oft schon erlebt, wie du gezielt abführst.

Ich bat darum, dass ich regelmäßig informiert werden möchte.

Das Gespräch dauert über eine Stunde. Ich bedankte mich, ging aufgewühlt.

Ich ging nun zu dir auf die neue Station. Du freutest dich und die Schwestern waren nett und machten einen kompetenten Eindruck. Nahmen mich sehr freundlich auf und erklärten mir alles. Ein nettes Zimmer und nicht zu vergleichen mit dem Zimmer auf der Intensivstation.

Du hattest einen Zimmernachbarn in deinem Alter. Es scheint, als hätte er auch eine ähnliche Erkrankung wie du. War aber sehr verwirrt.

Du freutest dich und ich sah, wie glücklich du warst. Du hast sicher auch gemerkt, dass ein neuer Abschnitt gekommen ist. Den Fortschritt endlich erkannt hast.

Deine Kanüle im Hals ist ganz raus! Ich weine vor Glück. Wirst du jetzt besser sprechen können?

Deine Hände und Füße sehen schlimm aus. Deine Haut ist während des Komas und dem langen Liegen wie abgestorben. Die Fußpflege soll kommen und ist schon bestellt.

Donnerstag, 02.04.

Heute fängt endlich Sebastian im Laden an zu arbeiten. Ich freue mich. Ein toller, sympathischer junger Mann mit ganz viel Wissen und Kenntnissen als Zweiradmechaniker. Wie ich sehr schnell lernen werde, auch als Mensch einzigartig.

Das nimmt mir den Druck, was den Laden betrifft. Vor allem wegen Peter. Damit hat Peter sicher nicht gerechnet.

Ich konnte in den letzten Wochen den Laden gut weiterführen. Alle sind zufrieden. Das Konto erholt sich zunehmend.

Auch bei dir geht es immer weiter voran. Wir hören Musik. Carinas Lied an dich. Du lachst, weinst, ich weine und du versuchst, Carina zu sagen! Ich habe dich verstanden. Mein Gott, ich kann es nicht glauben und nehme das schnell mit dem Handy auf. Das glaubt mir doch niemand. Uwe versteht und versucht noch einmal, Carina zu sagen! Oh, man es gibt keine Worte dafür, das auszudrücken, was ich gefühlt habe.

Wir weinten mal wieder, aber das wissen ja nun alle, und lagen uns in den Armen, glücklich. Wie einfach doch Glück sein kann.

Aber es wurde sogar noch etwas schöner. Du durftest heute das erste Mal etwas essen. Einen Pudding! Wie schön und lecker kann ein Pudding sein.

Auch ein Joghurt und Saft hast du bekommen. Du hast es so sehr genossen.

Fahre schnell nach Wilhelmsburg. Zu Willi und Chrischi. Fahre sogar noch zum Osterfeuer nach Moorwerder mit. Immer sehr schön dort und man sieht viele Bekannte, Freunde und ehemalige Schulkollegen wieder. Ich war heute auch bereit dafür und es tat mir gut.

Freitag, 03.04.

Heute ist Karfreitag. Alles ist geschlossen, auch die Kitas und der Laden. Etwas Luft für mich. Ich schlafe aus, gehe ganz lange mit Barni spazieren. Lasse mir Zeit und trinke meinen Kaffee, auch zwei.

Heute wollen Sabine, Heike und deine Mama kommen.

Heike war noch gar nicht bei dir. Das wäre zu viel für sie. Ich denke, jetzt ist der richtige Zeitpunkt.

Ich war früher bei dir. Ich habe dein Lieblingsjoghurt mitgebracht und Saft. Du freust dich sichtlich. Du versuchst zu sprechen. Gelingt noch eher nicht, aber ich versuche, dich zu verstehen. Du zeigst mir immer deine Uhr und verziehst dein Gesicht. Möchtest du keine Uhr? Nein, eine andere Uhr? Er lacht und nickt. Okay, verstanden. Ich bringe sie dir morgen mit.

Du gibst mir zu verstehen, dass ich deine Fingernägel schneiden soll! Ich bin immer mehr überrascht. Wie schnell das nun geht.

Deine Mama war sichtlich erleichtert, als sie dich sah. Das waren Meilensteine, von ihrem letzten Besuch. Heike hielt es nicht so lange aus und wartete draußen. Aber das war ok.

Uwe versuchte, mir etwas mitzuteilen. Ich versuchte, das zu erraten. Uwe wurde sichtlich nervös, weil ich nicht verstand. Aber wir gaben beide nicht auf. Ich verstand. Uwe wollte, dass ich den Deckel vom Joghurt zu mache und diesen auf seinen

Nachtisch stelle. Sicher für später. Ich lachte und Uwe sank erleichtert in seine Kissen.

Alle lachten und verabschiedeten uns.

Das war ein schöner Nachmittag.

Samstag, 04.04.

Ostersamstag. Ich fuhr einkaufen und ins Phönix-Center und kaufte Ostergeschenke. Ich hoffe, ich habe für jeden etwas und sie freuen sich.

Du wirktest heute völlig genervt. Schnell verstand ich. Dein Bettnachbar, war laut, schimpfte, egal was und warum. War sehr unruhig, pöbelte mit schlimmen Schimpfwörtern. Wenn er das den ganzen Tag macht, kann ich Uwes Reaktion verstehen. Ist schon schwierig, wir können uns kaum verständigen. Er hat keinen Besuch. Liegt es daran? Sicher war dieser Mann auch schwer krank und sein Handeln ist unkontrolliert. Dennoch für Uwe schwierig.

Ich versuchte, dich abzulenken. Gab dir Saft und neuen Schokopudding. Das schmeckte dir. Dein Bettnachbar bekam Besuch und er beruhigte sich. Wir lagen uns in den Armen und waren glücklich.

Wie immer hast du viel Besuch bekommen.

Ich fuhr heute schon um 18 Uhr los. Wollte noch zu Tante und Karl zum Osterfeuer.

Da hat keiner mitgerechnet und haben sich dementsprechend alle gefreut. Es war sehr schön und eine tolle Abwechslung für mich.

Ein wenig Osterstimmung. Ich habe Fotos gemacht, damit ich dir sie zeigen kann.

Ostersonntag war ich natürlich auch bei dir. Morgens habe ich mir Zeit gelassen. Abends wollten die Kinder zu mir kommen. Wir wollen essen gehen. Ich freute mich sehr darauf. Sehe ich die Kinder doch nun sehr selten. Aber im Hintergrund sind sie immer für mich da.

Ostermontag bringe ich dir Eis mit Sahne mit. Mit großem Appetit isst du den Becher leer.

Pudding wolltest du dann natürlich nicht mehr. Jochen war da. Du versuchst immer mehr dich mit Mimik, Gestik und Handzeichen zu verständigen. Es ist immer ein großes Rätselraten. Aber es ist auch lustig. Wir lachen viel.

Dein Bettnachbar war wieder besonders schlimm. Laut, pöbelt, schlimme Worte und sogar seine Frau beschimpft er wild. Sie lächelt beschämt und versucht, uns zu erklären. Wir winken ab und zeigen, dass wir Verständnis haben.

Er bekommt etwas zur Beruhigung und schläft ein.

Ein schöner Tag. Trotz aller Umstände ein schönes Osterfest.

Morgen wieder alles offen. Ich muss nach Wilhelmsburg. Dort ist Ausnahmezustand. Eine Mitarbeiterin ist krank, eine im Urlaub, eine liegt mit gebrochenem Fuß im Krankenhaus. Ich musste eine Mitarbeiterin aus dem Urlaub zurückholen. Sie macht das, ohne sich zu beschweren und hat Verständnis. Pam hat ansonsten alles im Griff und beruhigt mich.

Dienstag, 07.04.

Im Laden war es heute unglaublich voll und viel los. Aber mit Sebastian macht das Arbeiten richtig Spaß. Er gibt mir mit seiner ruhigen Art Sicherheit. Alles läuft gut. Die Kunden sind sehr zufrieden. Das spricht sich natürlich herum und fördert den Umsatz.

Elvira hat mich angerufen. Sie war heute bei dir zu Besuch. Sie erzählte mir, dass du verlegt wurdest. Ja endlich auf die normale Reha Station. Ich konnte das kaum glauben.

Vor einer Woche warst du noch auf der Intensivstation, dann auf die G3, die Zwischenstation und nun endlich auf der normalen Reha Station.

Du bekommst auch endlich normale Kost. Dein erstes Leberwurstbrot! Ich musste schnell Fotos machen und verschickte sie an alle Freunde, Familie, bei Facebook. Alle sollten teilhaben. Wer hätte das vor einem Monat gedacht?

Was für ein schönes Zimmer du hast. Gar nicht wie ein Krankenhauszimmer. Ein Reha-Zimmer eben. Schönes, großes Bad, behindertengerecht. Damit müssen wir uns in Zukunft wohl anfreunden. Behindertengerecht. Damit muss ich mich auch zu Hause auseinandersetzen. Aber heute nicht. Später. Pfleger, Schwestern, Ärzte und Therapeuten sind supernett. Ab morgen sollst du täglich bis zu zehn Anwendungen bekommen. Das scheint echt viel zu sein. Ich bin gespannt. Schaffst du das? Machst du mit?

Sabine kam auch. Sie teilte mir mit, dass sie möglichst freitags nicht mehr im Laden arbeiten möchte, da Sebastian ja nun da sei.

Ich verstand Sabine gut. Aber für mich war es nicht so eine gute Nachricht. Denn jede Stunde, die Sebastian arbeitet, kostet mehr Geld. Kosten, die ich persönlich übernehme. Für mich natürlich eine finanzielle Mehrbelastung. Aber so ist es und ich schaffe das.

Ich bräuchte allerdings auch mehr Zeit. Mehr Zeit für meine Kitas. Langsam muss ich mir auch wieder mehr Zeit dafür nehmen.

Ich stehe zurzeit täglich spätestens um 3 Uhr auf. Gehe mit Barni oder nehme ihn mit. Fahre in den Froschteich und mache für die Schulkinder Frühstück. Bringe sie zur Schule. Fahre dann nach Mölln zum Laden. Wieder zurück nach Hause in Stemwarde zu Barni. Noch einmal nach Wilhelmsburg und danach zu dir nach Bad Segeberg. Oder erst zu dir und später am Nachmittag noch einmal nach Wilhelmsburg. Spätdienst machen. An den Tagen, wo ich nur im Laden bin, bin ich dann zwölf Stunden dort. Nachts und am Wochenende erledige ich dann die Einkäufe und Schreibkram.

So geht das nun seit Wochen. Das geht nicht spurlos an mir vorbei. Ich merke das natürlich. Aber ich muss weiter stark sein.

Ich werde immer müder. Heute war ich so müde, dass ich mit offenem Fenster nachhause gefahren bin. Um 20 Uhr war ich zu Hause. War noch schnell bei McDonalds. Kraft zum Kochen hatte ich nicht mehr.

Ab ins Bett …

Mittwoch, 08.04.

Wieder ein langer Tag. So wird es wohl noch einige Zeit sein. Aber was soll Uwe sagen.

Damit es Uwe besser geht, gehe ich über meine Grenzen. Aber ich merke das meist nicht, oder will ich das überhaupt? Ich habe keine Wahl. Es muss weitergehen. Es wird sicher auch wieder anders, besser.

Du bekommst viele Therapien. Bist jetzt oft von den Therapien müde. Aber das ist gut so.

Du machst gut mit. Vieles funktioniert noch nicht so gut, wie du es möchtest. Aber es wird besser.

Den Eignungstest hast du auch gut gemeistert. Alle sind zufrieden.

Da sehr schönes Wetter ist, hatte ich mir vorgenommen, mit dir draußen spazieren zu gehen. Du natürlich noch im Rollstuhl. Laufen kannst du noch nicht.

Aber egal, Sonne tanken, Vitamin D aufladen. Aber du wolltest nicht. Du wolltest auf dein Zimmer.

Ich war sehr k. o. und heute besonders emotional. Du merktest das sehr genau. Du holtest mich zu dir und nahmst mich in den Arm. Da musste ich noch mehr weinen. Ich soll doch stark sein und dich trösten. Ich schämte mich etwas. Aber es tat gut. Uwe war für mich da. Tröstete mich. Er verstand. Das tat gut.

Wieder fuhr ich mit offenem Fenster nach Hause. Bloß nicht einschlafen. Ich schlief heute sehr schnell auf der Couch ein. Nichts ging mehr.

Freitag, 10.04.

Es geht immer weiter nach vorne. Deine Fortschritte werden immer besser, langsam, aber besser. Auch die Toilettengänge werden besser. Das finde ich wichtig, ist es doch ein sehr intimer Bereich. Oft benötigst du aber noch Hilfe. Alle sind hier sehr nett. Und meist bekomme ich auch Auskunft. Natürlich ist auch hier nicht immer alles gut und verbesserungswürdig. Aber das ist meckern auf hohem Niveau gegenüber den anderen beiden Stationen.

Elvira und Michael waren heute bei dir. Sie sind sehr glücklich und erstaunt über deine Fortschritte.

Leider ging es mir heute nicht so gut. Ich hatte ziemliche Halsschmerzen und war heiser. Ich ging morgens erst einmal zum Arzt. Ich erzählte ihm, was die letzten Wochen alles passiert ist. Er hörte aufmerksam zu. Unterbrach mich nicht. Ich merkte, dass ich weinte, die ganze Zeit weinte. Er stand auf, nahm mich in den Arm. Meinte nur, dass er sich große Sorgen um mich macht. So kann und darf es nicht weiter gehen. Ich sollte mir überlegen, wie ich etwas ändern könnte. Ha, gut gesagt, aber wie denn? Ich wusste es ja und verstand. Er gab mir Tipps und Medikamente. Teilte mir mit, dass ich immer kommen kann. Selbst, wenn ich nur reden möchte.

Das tat gut.

So ging es nun täglich weiter.

Sprechen ging aber immer noch nicht. Du versuchst es, aber es kommt immer noch nur ein Hauch. Ich habe eine Tafel mitgebracht. Da kannst du nun aufschreiben, kommunizieren. Aber auch das gelingt nicht immer, aber immer besser und eine gute Art besser zu kommunizieren.

Du isst nun auch fast alles. Am liebsten aber Eis mit Sahne. Leider bist du von den ganzen Therapien immer sehr müde. Oder eigentlich ist das ja sehr schön. Aber die Sonne scheint und das Wetter wird immer wärmer. Ich würde gerne mit dir raus, spazieren gehen, die Sonne genießen. Aber du magst nicht so recht.

Ich gebe nicht auf und setzte Uwe eine Frist. Er lacht und ich gebe die Hoffnung nicht auf. Bestimmt morgen.

Samstag, 11.04.

Ganze zwei Monate ist es nun her. Unser Leben hat sich von jetzt auf gleich komplett verändert. Was alles passiert ist, in den letzten zwei Monaten.

Die zwei Monate waren so hart und anstrengend. Aber ich habe die Hoffnung nie aufgegeben. Mit viel Liebe und Zuversicht kann man Berge versetzen. Das habe ich gelernt.

Ich habe die ganze Zeit immer alles aufgeschrieben. Geschrieben habe ich schon immer, schon als Kind. Mir hat das immer geholfen, mein Leben zu verstehen, zu verarbeiten.

Auch jetzt hilft es mir, meine Gedanken aufzuschreiben. Irgendwann liest du diese Zeilen vielleicht. Dir fehlen ja auch Tage in deinem Leben. Vieles weißt du nicht. Vieles verstehst du vielleicht, wenn du diese Zeilen liest.

Heute war es so schön warm und die Sonne schien. Ich erklärte dir, dass wir heute auf jeden Fall hinausgehen. Du wusstest, heute kannst du nicht Nein sagen. Natürlich verstehe ich deine Ängste. Aber heute musstest du mit.

Sabine kam auch und wir genossen das gute Wetter. Wir gingen ins Café, tranken Kaffee und essen Eis.

Das gefiel dir. Wir versuchten wie immer, mit dir zu kommunizieren. Schwer immer noch, aber immer besser.

Abends fuhr ich immer nachhause. Immer müde und ziemlich k. o.

Sonntag, 12.04.

Du hattest heute sehr viel Besuch. MM und Geli, Micky und Gabi, sogar Paul war da. Es wurde viel geredet, gelacht. Paul war sichtlich berührt. Wir sprachen auch über deine Vespa. Christiane wollte die Vespa verkaufen. Aber das wollten wir alle nicht zulassen. Auch du hast ganz deutlich gemacht, „NEIN!"

Ich war froh, dass wir uns alle einig waren und ich somit auch Hilfe hatte.

Mittwoch, 16.04.

Jeden Tag dasselbe seit Wochen. Aber heute bin ich zum Gespräch mit den Therapeuten geladen. Alles in allem sieht alles gut aus. Die Therapeuten sind zufrieden. Aber natürlich gibt es noch Defizite. Daran muss weitergearbeitet werden. Ich teile mit, dass ich auch mehr mit Uwe arbeiten werde. Vorerfahrungen habe ich durch meinen Beruf.

Wir gingen nach dem Gespräch noch raus in die Sonne und Eis essen. Da konnte ich dich immer für begeistern. Du warst aber auch sehr in dich gekehrt. Hast du alles verstanden? Was denkst du? Im Zimmer machtest du deutlich, du bist müde und möchtest ins Bett. Du schaffst das immer besser und brauchst immer weniger Hilfe.

Heute ist auch endlich deine Magensonde ganz entfernt worden. Du isst gut und hast gut zugenommen.

Wieder ein Schritt nach vorne.

Im Laden läuft es gut. Schwierigkeiten schaffe ich immer gut zu meistern. Die Händler liefern wieder Fahrräder. Alle offenen Rechnungen sind bezahlt.

Auch die Steuern sind endlich alle ausgeglichen. Ich bin froh. Ich bin froh, dass alle Verständnis hatten.

Ich merke immer mehr, der Stress nagt immer mehr an meine Substanz. Daher nehme ich mir vor, es morgen ruhig anzugehen. Ausschlafen und weiter nichts machen. Natürlich aber dich besuchen. Oft bleibe ich jetzt nicht mehr so lange. Du hast so viel Therapien, bist müde und schläfst. Du verstehst mich und ich glaube, es ist dir auch recht.

Samstag, 19.04.

Wir waren heute bei schönem Wetter im Garten.

Plötzlich hörte ich ein „M" aus deinem Mund. Ich traute meinen Ohren nicht. Ich sah Uwe fragend an. Er lachte und dann sagte er fast deutlich: „MUCK", meinen Namen! Nach über zwei Monaten hörte ich meinen Namen aus deinem Mund.

Du lachtest und sagtest es noch zweimal. Was soll ich schreiben; ich heulte hemmungslos. Ich war so verdammt glücklich. Ein Name, mein Name, aber pures Glück. Ich habe in den letzten Wochen sowieso neu gelernt, was Glück ist. Manchmal eben ein Wort.

Heute war Ute mal wieder zu Besuch. Sie brachte ein altes Kennzeichen aus Spanien mit. Darauf stand in Buchstaben Uve. Ja Uve nicht Uwe, aber wir verstanden. Bis heute hängt es bei mir zu Hause am Schuppen.

Sonntag, 20.04.

Ich hatte wieder meinen juckenden allergischen Ausschlag. Ziemlich schlimm und nervig. Aber ich kannte das und wusste, was zu tun ist. Ich fuhr zu dir. Aber wow, dein Zimmer war sehr voll. Viel Besuch. Lars, Carina, Wolfgang und Sabine. Wir gingen alle ins Café und spazieren.

Wir redeten und du versuchtest, zu verstehen, zu folgen. Du machtest mir deutlich, ich rede zu viel. Alle lachten. Ich war nun still und wir gaben dir die Möglichkeit, dass du dich mitteilen konntest.

Es war ein schöner Tag und ich freue mich immer wieder, was für tolle, liebe und herzliche Freunde du hast. Auch das ist Glück.

Mittwoch, 22.04.

Der Sozialdienst hat sich bei mir gemeldet. Sie möchte am 06.05. kommen und mit uns alles Weitere besprechen. Anträge stellen, dein Recht vertreten und uns beraten.

Du bist immer noch oft zu müde. Die Schwestern schimpfen. Du sollst mehr raus aus dem Bett und deinem Zimmer. Ab morgen sollst du auch ins Gemeinschaftszimmer zu den Mahlzeiten. Das gefällt dir nicht. Aber es muss eine gute Mischung gefunden werden. Auch das gehört zur Genesung dazu.

Du brauchst immer noch einen Schubs. Ich habe heute Obst mitgebracht. Das gefiel dir und wir haben gemeinsam alles aufgegessen. Haben mit Sabine und Volker viel gelacht. Ein schöner Tag. Morgen kommt der Frisör zu dir. Das wird auch Zeit.

Toll siehst du wieder aus. Was das ausmacht.

Manchmal gibt es aber auch Rückschläge. Du hast eine Blasenentzündung. Für dich nicht so gut. Eventuell sollst du einen Blasenkatheter bekommen. Ich lehne das eigentlich ab. Bitte nur, wenn es nicht anders geht. Aber du hast es auch ohne geschafft und hast die Blasenentzündung gut überstanden.

Samstag, 25.04.

Die Tage gleichen sich. Mittlerweile ist alles zur Routine geworden. Deine Genesung schreitet immer mehr voran. Langsam, sehr langsam, aber die Tendenz geht nach oben.

Die Ärztin und Therapeuten sprechen immer öfter mit uns, wie es weitergehen kann. Uwe scheint sich auch schon viele Gedanken gemacht zu haben.

Ich versuche, mit Uwe zu erkunden, was er denkt, was er fühlt und was er gerne möchte.

Nicht einfach, aber wir bekommen das noch hin.

Uwes Laden ist bis jetzt sein Leben gewesen. Mal macht er klar, dass er wieder in den Laden gehen wird. Aber oft ist er auch deprimiert und macht mir deutlich, dass er nicht mehr möchte.

Er weiß, dass er körperlich nicht mehr alles schaffen kann und wird.

Wir haben noch einige Monate REHA vor uns und wir werden sehen, wie die Genesung voranschreitet und gehen wird.

Robin, Uwes Neffe, hat Konfirmation. Ich gehe zur Kirche hin. Robin sah so hübsch aus und strahlte.

Ich bin aber nicht zur Feier mitgegangen. Heute war auch der Geburtstag meiner lieben Schwägerin. Da wollte ich auch noch hin.

Aber erst war ich bei dir.

Meine Freundin Chrischi hat mir angeboten, dass sie mir für einige Tage Barni abnimmt. Das war eine große Erleichterung für mich.

Bei Tantchen, so nennen wir meine Schwägerin, war es wieder ein schöner Nachmittag. Sie gibt sich immer so viel Mühe und die Familie ist mal wieder zusammen. Freunde waren auch da. Wir haben getanzt, gesungen, sogar ein Feuerwerk gab es. Tantchen ist 60 geworden. Ich habe zurzeit leider wenig Zeit dafür und habe es genossen. Es wäre perfekt, wenn du dabei gewesen wärest.

Ich war erst um 2 Uhr nachts zu Hause.

Daher habe ich bis um 10 Uhr geschlafen und bin erst später bei dir gewesen.

Du warst schon mit Bernd aus Schwerin im Café. Ich habe mich auch sehr über Bernd gefreut. Wir tranken Kaffee und du hast wieder dein Eis gegessen.

Bernd ist ein sehr langer Freund und Begleiter von Uwe. Seine Meinung ist uns wichtig. Wir unterhielten uns über deinen Zustand und deine Zukunft.

Der Toilettengang mit dir wurde immer besser. Ich durfte dich nun auch täglich duschen. Das war nicht immer leicht. Du hast wieder gut zugenommen und es war schwer, dich zu halten. Da du ja auch noch nicht die Körperspannung hattest.

Aber gemeinsam schafften wir das. Auch wenn wir beide hinterher erschöpft waren. Das war es aber wert.

Montag, 27.04.

Natürlich geht mein Privatleben, das meiner Familie und meinen Freunden weiter. Heute habe ich erfahren, dass ein guter und lieber Freund von mir verstorben ist. Ich bin sehr traurig darüber. War er doch ein lieber Mensch. Etwas verplant und chaotisch, aber ich mochte ihn sehr. Wir haben schöne Zeiten miteinander gehabt.

Das hat mich echt getroffen. Im Laden war es für mich nicht zu schaffen. Es ist alles so schwer. Was kann ich noch ertragen? Was kommt noch?

Ich fahre nachhause und bin eingeschlafen. Am Nachmittag bei dir war es sehr ereignisreich.

Du hast auf mich gewartet. Wir tranken Kaffee und sind dann gemeinsam zur Therapie gegangen. Ich durfte mit rein und zusehen. Die Therapeutin ermahnte, mit einem Lächeln zwar, aber bestimmt. Du solltest mehr selbstständig machen. Immer üben.

Aber was ich dann sah, verschlug mir die Sprache und die Tränen liefen. Du bist mit Hilfe aufgestanden und konntest ein paar Schritte laufen. Ich habe vor Glück geweint. Ich war so stolz auf Uwe. Was für Fortschritte Uwe gemacht hat. Niemals hätte ich daran geglaubt. Die Therapeuten lächelten uns an und weinten mit uns.

Nach der Therapie warst du ziemlich müde. Aber du konntest allein vom Rollstuhl ins Bett! Auch das war ganz neu.

Es geht nun täglich immer weiter. Die Hoffnung ist zurück. Auch wenn das noch ein langer Weg ist, aber es gibt Hoffnung. Elvira hat heute angerufen. Ich erzählte ihr von deinen Fortschritten. Sie war auch so glücklich.

Elvira erzählte, dass die Ahlener, Uwes Freunde, am Wochenende zum Lanzer See kommen. Das ist ein jährliches Treffen alle Freunde. Leider können wir dieses Jahr nicht teilnehmen. Aber einige der Freunde kommen in Krankenhaus. Das soll eine Überraschung für dich sein. So kannst du auch ein wenig beim Treffen dabei sein. Du wirst dich sicher sehr freuen und ich erst.

Ich merkte, dass ich krank werde. Halsschmerzen, Husten und die Stimme versagte.

Bei der Therapie ging es weiter gut voran. Manchmal musst du Dinge machen, die dir schwerfallen, dir Angst machen, verständlich. Aber du bist tapfer und kämpfst dich voran. Du bist mein Held, mein Kämpfer.

Du merkst, dass es mir nicht gut geht, und machst mir deutlich, dass ich gehen soll.

Mir ging es immer schlechter. Daher fuhr ich die nächsten Tage nicht in den Laden. Sebastian verstand das und wünschte mir gute Besserung.

So konnte ich all meine Schreibarbeiten erledigen. Gehälter überweisen und vieles mehr.

Ich fuhr zwar zu dir, aber ich konnte nicht lange bleiben. Da Carina und Lars gekommen sind, bin ich nachhause gefahren. Glücklich warst du zwar darüber nicht, aber es war auch ok.

Die Ärzte sind weiter sehr zufrieden mit deiner Genesung. Sie wollen dir am Montag die Katheter alle entfernen und sind guter Hoffnung, dass alles wieder gut sein wird.

Du bekommst täglich Besuch. Auch deine Mama kommt nun öfter.

Wir gehen immer alle mit dir in den Garten und oder ins Café. Das gefällt dir und das tägliche Eis ist mittlerweile ein Ritual geworden. Du fährst sogar allein nach unten ins Café und kaufst dir Eis. Sie kennen dich dort schon und verstehen dich.

Ich wasche dich, bevor ich gehe. Rasiere dich und sorge täglich dafür, dass du gepflegt bist. Ich weiß, wie wichtig dir das ist. Es gefällt dir auch sehr gut. Du zeigst mir das mit einem Lächeln und dein Daumen geht nach oben.

Wir konnten uns auch so weit verständigen, dass du dir vorstellen konntest, den Laden für ca. ein Jahr zu verpachten und oder Sebastian das für ein Jahr machen lässt.

Sebastian stimmte zu. Puh, eine Sorge erst einmal weniger.

Samstag, 02.05.

Heute gab es eine große Überraschung für dich. So dachte ich.

Ich traf um 12 Uhr bei dir ein. Elvira, Silvia, ihr Mann und Sohn waren schon bei dir. Wir mussten dich wecken. Das gefiel dir gar nicht. Aber als du deinen Besuch erkanntest, freutest du dich.

Wir machten dich fertig und gingen raus. Wir warteten und du hast dich gewundert. Du sahst uns ungläubig an. Du hattest keine Ahnung.

Endlich war es so weit. Die Lanzer sind gekommen. Du erkanntest sie und freutest dich so sehr.

Alle begrüßten dich, umarmten dich und es wurden viele Fotos gemacht. Wir waren nun 22 Leute. Wir konnten in den Fernsehraum gehen. Es war laut und alle redeten durcheinander. Aber wir lachten auch viel. Es war so, so schön. Was für großartige Menschen, was für tolle Freunde. Das ist auch Glück.

Du wurdest aber auch nach zwei Stunden doch müde. Alle verabschiedeten sich und fuhren mit ihren Motorrädern mit lautem Getöse los. Das fandest du richtig klasse.

Aber als alle weg waren, weintest du sehr. Die Freude war groß, aber ich denke, du hast realisiert, dass es für dich anders werden wird.

Wir gingen noch etwas spazieren und beruhigten uns. Ja, ich schreibe uns, da mir das auch alles sehr nahe ging.

Wir nahmen uns vor, dass wir nächstes Jahr wieder dabei sein werden.

Als ich nachhause fuhr, kamen mir auch wieder Zweifel. War das heute richtig?

Sonntag, 03.05.

Als ich heute zu dir kam, lachtest du mich an, hast deinen Daumen nach oben gezeigt. Ich sah, dass dein Blasenkatheter entfernt wurde. Juhuuu ... wir freuten uns. Auch beim Toilettengang ging alles gut. Schmerzen scheinst du auch nicht zu haben. Toll ...

Du wolltest mich heute einfach nicht gehen lassen. Ich habe den Grund nicht herausgefunden. Jeden Tag ist es anders. Mal verstehst du und ich kann ohne Probleme gehen. Mal lässt du mich gar nicht gehen.

Aber ich muss mich auch mal durchsetzen. Da sind Barni, meine Arbeit, mein Haushalt und Garten. Im Moment habe ich das Gefühl, dass ich wenig richtig machen kann. Alle wollen immer mehr von mir, aber sind eher nicht zufrieden. Alles scheint nicht richtig zu sein. Speziell für Uwes Familie. Ich fühle mich ausgesaugt von der Familie.

Ich gehe, obwohl Uwe das nicht möchte. Aber ich hoffe, er versteht mich trotzdem, irgendwie.

Ich fahre mit einem schlechten Gewissen nachhause. Aber warum? Ich mache doch alles, halte durch, aber meine Kraft ist schon lange am Limit. Auch meine Erkältung will nicht so recht besser werden.

Montag, 04.05.

Ab heute werde ich nicht mehr täglich ins Tagebuch schreiben.

Die schlimmste Zeit ist vorüber. Die Reha zeigt immer mehr und bessere Erfolge.

Die letzten drei Tage waren anstrengend. Ich schaffe es nicht, dass ich meine Erkältung in den Griff bekomme. Mich etwas auszuruhen. Immer ist irgendetwas Neues, immer ist alles noch wichtiger.

Es ist kein Ende in Sicht. So erlebe ich es gerade. Oder bin ich ungerecht?

Jeder möchte etwas von mir, verständlich. Aber egal, was ich mache, nie sind alle zufrieden. Was für ein Teufelskreis.

Ich habe das Gefühl, niemandem gerecht zu werden. Wie auch? Aber ich kämpfe weiter, für Uwe, für uns ...

Uwe ist die letzten Tage unruhig, traurig, schlecht gelaunt. Uwe ist müde, schlapp, unmotiviert. Es ist schwierig, mit Uwe zu kommunizieren. Auch die Therapeuten berichten mir das. Es scheint, dass Uwe in eine Depression verfällt. Ich mache mir Sorgen. Oder verschlechtert sich ein Gesundheitszustand? Ist wieder eine Blutung im Kopf?

Die Angst ist groß ...

Der Sozialdienst hat heute mit uns besprochen, wie es weitergehen kann. Ob Uwe nachhause kommen kann und wenn ja, was wir brauchen.

Natürlich kommt Uwe zu mir nachhause. Da gibt es auch nichts anderes. Uwe möchte das auch. Wie kann die Pflege zu Hause funktionieren. Pflegegrad beantragen. Umbauten im Haus? Treppenlift? Pflegedienst. Und wie finanzieren wir das alles? Kannst du wieder arbeiten, wenn ja, wie? Erwerbsunfähigkeit?

Mein Kopf ist nun noch voller mit vielen Gedanken.

Ich weiß gerade nicht weiter. Auch meine Kitas brauchen mich immer öfter und mehr.

Der Anbau in der Kita stellt mich auch vor neue Herausforderungen. Es wird wohl eine Gerichtsverhandlung geben.

Ich brauche dringend die Papiere, um eine Baugenehmigung und Nutzungsgenehmigung zu beantragen. Aber die Baufirma weigert sich, Papiere auszugeben, die ich dringend benötige.

Das Bauamt macht Druck.

Die Ferien stehen vor der Tür.

Mitarbeiter langzeitkrank. Eltern beschweren sich, dass ich so wenig anwesend bin, zu Recht.

Ich brauche Zeit, mal frei, mal einen Kaffee mit Freunden trinken. Mal mit jemandem sprechen, der mir zuhört. Aber seit drei Monaten keine Zeit.

Mein Leben ist so anders. Wie geht es weiter?

Ich wünschte mir jemanden, der für mich stark ist. Aber nun sieht es so aus, als wenn nur noch ich stark sein muss. Fühle mich immer öfter allein. Für meine Gedanken schäme ich mich etwas. Leider rufen mich auch meine Freunde und Familie immer weniger an. Sie sind sicher genervt. Wollen nicht mehr immer nur Schlechtes hören. Oder bin ich schon vergessen?

Eigentlich bin ich eine starke Frau. Stehe auch immer wieder auf und weiter geht's. Natürlich habe ich schon viel in meinem Leben erlebt. Meist nicht wirklich Gutes. Aber dieses Mal weiß ich nicht, ob und wie ich alles schaffen kann.

Ich werde mir viele Gedanken machen müssen und das eine oder andere ändern müssen.

Dienstag, 12.05.

Nach einigen Tagen schreibe ich heute mal wieder ins Tagebuch.

Uwe macht weiter große Fortschritte mit seiner Motorik. Das Gleichgewicht macht dir noch etwas Schwierigkeiten. Du kannst schon gut laufen. Immer mit Hilfen und oder festhalten.

Wir üben täglich. Du hast auch wieder mehr Lust mitzumachen.

Du hast an deiner Hand eine Schiene. Das gefällt dir gar nicht. Muss aber sein.

Deine Sprache macht keine Fortschritte. Die Logopädin ist nachdenklich und meint, dass wir uns damit abfinden müssen, dass du nie wieder richtig sprechen wirst. Eventuell nur ein paar Worte.

Das macht mich traurig, aber ich gebe nicht auf. Wir üben täglich.

Mittlerweile sagt Uwe „Hand". Wir dachten erst, das liegt an seine Schiene an der Hand. Oder ist es Zufall?

Aber Uwe setzt das Wort „Hand" immer öfter ein. Je nachdem, wie es ihm geht und oder er mitteilen will, ändert er die Tonlage und Mimik.

Es ist faszinierend. Ich kann mittlerweile so mit Uwe etwas besser kommunizieren. Wir lachen viel.

Heute wollen wir tatsächlich mit dem Auto nach Mölln. Oh, ich bin echt aufgeregt. Klappt das? Schaffen wir das? Uwe hat einen zusammenklappbaren Rollstuhl bekommen. Der passt gut ins Auto.

Wir fahren zur Bank. Uwe wird erkannt und alle freuen sich, Uwe wieder zusehen.

Auch zum Laden fahren wir. Uwe geht am Stock in den Laden. Es dauert, aber das war Uwe wichtig. Allein und aufrecht.

Er lernt Sebastian kennen. Uwe setzt sich an die Kasse. Ich mache Fotos. Sende diese an seine Freunde.

Wir bekommen nur glückliche Rückmeldungen. Aber ich sehe Uwe an, dass etwas nicht stimmt. Er sieht mich an. Schüttelt den Kopf und seine linke Hand hin und her. Ich weiß, was er meint. Das will er nicht mehr, kann er nicht mehr. Aber er sieht nicht traurig aus. Eher bestimmt und klar.

Diese Fahrt nach Mölln war auch für mich eine Art Probe. Denn ich denke darüber nach, mit Uwe nach Rügen zu fahren. Zumindest für einen Tag und eine Nacht. Uwes Freundesgruppe fährt seit über dreißig Jahren jedes Jahr zum Vatertag und über das Wochenende nach Rügen. Früher mal nach Dänemark. Ich möchte Uwes Freunde und Uwe überraschen. Mal schauen.

Uwe hat die erste Fahrt nach seiner Erkrankung gut geschafft. Besser, als ich dachte.

Die Bank war erleichtert und machte uns deutlich, dass sie uns nun helfen werden. Ich kann endlich wieder Überweisungsträger einreichen und kann über das Geschäftskonto agieren.

Große Erleichterung für uns.

Allerdings kam am nächsten Morgen die Ernüchterung. Die Bank rief an und meinte, du wärest nicht geschäftüchtig und sie können uns nun doch nicht weiterhelfen.

Bin ich sauer. Ich werde das nicht so einfach hinnehmen.

Ich hatte heute Besuch vom Reha-Dienst. Wir bekommen eine Toilettensitzerhöhung. Ein Badewannenbrett und Griffe werden installiert. Schauen wir mal, ob das langt.

Samstag, 16.05.

Heute ist es so weit, wir fahren nach Rügen. Die Ärzte haben das für eine Nacht erlaubt.

Du warst schon fertig angezogen, Tasche war gepackt. Nach drei Stunden waren wir auf Rügen angekommen. Alle waren noch unterwegs. Niemand wusste, dass wir kommen. Du konntest die Ruhe genießen und etwas schlafen. Ich ging zum Strand und einen Kaffee trinken. Als endlich alle kamen, waren alle überrascht und freuten sich sehr. Das war schön und sehr emotional. Um 18 Uhr gingen wir alle in die Kantine zum Essen. Es war wie immer. Später trafen wir uns alle bei Micky im Zimmer und es war ein total schöner und lustiger Abend. Du hast sogar vom Whisky getrunken. Du hast das so gut gemacht. Aber irgendwann warst du müde und wir gingen ins Zimmer. Du bist sofort eingeschlafen.

Nach über drei Monaten haben wir beide die erste gemeinsame Nacht. Wir schliefen Arm in Arm selig ein.

Am Morgen frühstückten wir alle gemeinsam in der Kantine. Aber danach verabschiedeten wir uns und fuhren wieder nach Bad Segeberg in die Reha Klinik.

Wir machten Gruppenfotos und alle weinten, als wir uns verabschiedeten. Sehr emotional.

Nach sechs Stunden kamen wir völlig fertig, aber glücklich an. Du warst sichtlich erleichtert, endlich ins Bett zukommen. So toll gemacht Uwe ...

Mittlerweile war Pfingsten. Ich holte dich nach Stemwarde. Meine Kinder waren gekommen. Wir grillten. Du liebst es zu grillen und freutest dich.

Ich holte dich nun immer öfter ab und wir unternahmen einiges.

Pfingstmontag fuhren wir zu Ollo. Auch ein sehr guter Jugendfreund von Uwe. Auch andere Freunde waren da. Was für eine Freude für alle. Ein schöner Tag. Solche Tage sind mittlerweile für Uwe wichtig und tun ihm gut. Es spornt ihn an, weiter an sich zu arbeiten.

Ich habe nicht weniger zu tun. Ich habe das Gefühl, es wird immer mehr. Ich fahre täglich viele Kilometer. Am Wochenende hole ich dich meist ab und wir unternehmen immer etwas. Es ist sehr heiß geworden. Die Hitze macht mir zu schaffen. Heute fahren wir nach Glückstadt zur Matjeswoche.

Das Wichtigste und Neuste ist, dass Uwe nun endlich seit dem 03.06., 9:10 Uhr geschieden ist.

Wir waren gemeinsam im Gericht. Du warst ruhig und souverän. Ich war total aufgeregt.

Einen Tag vorher habe ich mit dem Richter telefoniert und ihm die Situation erklärt. Er ließ sich aber nicht abschrecken und wollte die Verhandlung durchführen. Diese Entscheidung war auch richtig und gut. Du bist nun geschieden! Da wartest du schon so lange drauf.

Ärzte hatten allerdings Bedenken, ob du dich zu sehr aufregst, aber nein, das war überhaupt nicht so. Du hast es geschafft und sogar sehr gut.

Claus, der neue Lebenspartner von deiner geschiedenen Frau kam zu uns und wünschte uns viel Glück und dass du schnell wieder gesund wirst. Noch viele schöne Jahre gemeinsam haben. Das war sehr nett und sehr überzeugend von Claus. Ich glaubte ihm jedes Wort und freute mich. Bedankte mich. Es hat uns alle sehr gerührt und niemand konnte seine Emotionen zurückhalten.

Sogar der Anwalt nicht!

Wir verabschiedeten uns und gingen alle schnell raus.

Uwe und ich wollten noch nicht zurückfahren. Wir fuhren noch mit dem Schiff über den Ratzeburger See. Das dauerte zwei Stunden und es gefiel dir gut. Mir auch. Du strahltest und man merkte dir die Erleichterung an. Im Krankenhaus wurdest du mit Beifall der Schwestern, Pfleger und Ärzte begrüßt. So süß ...

Was für ein Tag ...

Alles schreitet weiter voran. Nur deine Sprache nicht.

Du sagst immer nur noch „Hand, Hand" ... selten mal „Ja" und „Nein" und „Moment".

Einmal dachte ich sogar, er sagte ganz leise „Muck", meinen Namen.

Langsam muss auch eine Entscheidung getroffen werden, was mit dem Laden passiert.

Die einzige Lösung jetzt wäre, Verkaufen. Den Laden vermieten oder verpachten.

Sebastian braucht noch Zeit zum Überdenken. Aber Zeit habe ich nicht mehr. Die Ferien stehen vor der Tür. Da muss ich im Froschteich sein. Es wird also nicht weniger, sondern immer mehr.

Du scheinst dir sehr klar darüber zu sein, dass du nicht mehr arbeiten kannst.

21.07.

Lange habe ich nun nicht mehr ins Tagebuch geschrieben.

Es ist zwar viel passiert, aber eigentlich nicht viel Neues.

Ich habe wenig Zeit zum Schreiben und bin auch abends viel zu müde.

Aber es geht weiter voran. Deine Sprache ist etwas erweitert. Einzelne Worte schaffst du. Auch kannst du uns bei Gesprächen immer besser folgen. Wir können auch durch deine Mimik und Gestik besser verstehen, was du uns mitteilen möchtest.

Ich spiele täglich mit dir Lern- und Denkspiele, wie Memory und Kniffel. Wir puzzeln viel. Dabei versuche ich, dass du mir die Bilder benennst. Ich lasse mir täglich neue Spiele einfallen, um dich zum Sprechen zu bringen.

Wir singen immer öfter gemeinsam. Das klappt viel besser. Singen kannst du. Es macht auch viel mehr Spaß.

Unser Lied „Marmor, Stein und Eisen bricht" ist der Hit. Das kannst du richtig gut. Wir lachen viel.

Wir führten das den Schwestern und Lars vor. Wie emotional. Keiner wollte uns das glauben.

Leider hattest du eine Harnwegsinfektion und musstest ein Antibiotikum nehmen. Du hattest Schmerzen und es tat mir sehr leid. Die Überlegung, ob du wieder einen Blasenkatheter brauchst, war da, aber ich hoffe nicht.

Aber nicht genug. Plötzlich hattest du einen Keim, MRSA-Keim. Du darfst nun nicht mehr raus. Ich und jeder andere Besuch muss Schutzkleidung tragen, wenn wir zu dir wollen. Auch Therapien bekommst du erst einmal nicht.

Was für eine schlimme Nachricht. Keiner weiß, woher du das hast. Der Arzt meinte, es wäre nicht so schlimm. Diesen Keim hat jeder auf seiner Haut. Aber warum dann die Isolation?

Über vier Monate bist du nun krank und hier in der Reha. Warum nun noch das?

Ich wollte und konnte das nicht so hinnehmen. Ich informierte die Ärztekammer, den Ombudsmann und die Heimaufsicht. Die Zustände waren nicht haltbar. Die Schwestern kommen ohne Schutz ins Zimmer. Sauber wurde nun auch nicht mehr regelmäßig gemacht.

Ich bin diesen Weg nicht gerne gegangen, aber das musste nun mal sein.

Ich bestand wenigstens darauf, dass du deine Therapien bekommst.

Du hast dich schnell damit abgefunden. Du hattest nun das Zimmer für dich allein und wir machten das Zimmer gemütlich fertig. Manchmal durften wir nun doch nach draußen in den Garten. Aber nur mit Schutzkleidung. Das war ok.

Wir machten Picknick im Garten auf dem Rasen. Brachten Essen und Getränke von zu Hause mit. Das war gemütlich und gefiel uns.

Auch deine Therapien bekommst du weiter. Geht doch. Wie wichtig das auch ist ...

Mittlerweile kannst du den Rollstuhl allein bewegen, mit beiden Beinen. Auch dein Gehen wird immer besser.

Der Laden läuft immer besser. Wir sind im Plusbereich.

Aber dennoch drückt die Last des Ladens auf meinen Schultern.

Sebastian will den Laden nicht übernehmen oder pachten. Ein Schock erst einmal, aber ich verstehe Sebastian. Er ist noch jung und hat noch vieles in seinem Leben vor, was er machen möchte. Aber wie geht es nun weiter?

Nun mache ich mir auch Sorgen um meinen Sohn Marvin. Er hat ein Geschwulst am Daumen. Es muss wohl operiert werden und wir wissen auch nicht, was das ist. Ich kann immer weniger meinen Terminarbeiten nachkommen. Ich muss aufpassen, dass ich nicht in Schwierigkeiten komme. Der Spagat wird immer schwieriger.

Auch zwei Todesfälle unter Freunden haben mir schwer zu schaffen gemacht.

Aber du machst mir sehr deutlich klar, dass der Laden verkauft werden soll. Ich bin ja auch damit einverstanden. Aber was wird dann aus dir? Du in Rente? Das kann ich mir so gar nicht vorstellen. Du wohl schon.

Ich muss das nun auch planen. Die Ware ausverkaufen, den Laden räumen und möglichst schnell wieder neu vermieten.

Ich habe sogar jemand gefunden, der den Laden mieten möchte. Der ASB! So haben wir Mieteinnahmen.

Jeder möchte nun etwas dazu sagen. Ich scheine mal wieder alles falsch zu machen. Egal, was ich mache, ich kann nicht allen gerecht werden.

Wir beschließen, dass wir Sebastian noch bis Ende des Jahres einstellen. Aber Ende des Jahres schließen wir den Laden definitiv.

Oktober 2015

Es war nun sicher, dass du nachhause kommst. Ich freu' mich so sehr. Alles ist auch vorbereitet.

Aber du hast mich an einem besonderen Tag besonders überrascht. Damit habe ich nie, nie, niemals gerechnet.

Als ich in dein Zimmer kam, hast du schon auf mich gewartet. Du schautest in Richtung Tür, als ich hereinkam. Du lachtest und hattest einen Zettel in deiner Hand, den du vor dir gehalten hast.

Du sagtest ganz leise und langsam die Worte, die ich nie vergessen werde: „Willst du mich heiraten?", und genau diese Worte standen auch auf deinem Zettel. Ich verstand gar nichts. Ich war aufgeregt, mein Herz pochte in meiner Brust. Ich lachte, ich weinte, was passiert hier? Nun kamen die Schwestern und die Ärztin rein und fragten, wie ich geantwortet habe. Natürlich sagte ich JA und war glücklich. Die Therapeutin kam auch, alle klatschten, freuten sich und wünschten uns alles Liebe. Kein Auge blieb trocken. Ich hätte nie damit gerechnet. So etwas Schönes und Emotionales habe ich noch niemals in meinem Leben erlebt. Die Gefühle, ach was, ich kann das nicht in Worte fassen. Die Therapeutin erzählte mir, dass Uwe drei Wochen geübt hat und niemals aufgehört hat. Bis er das sagen und schreiben konnte. Was für eine Leistung. Das ist wohl auch LIEBE ... Wir versprachen, dass wir alle einladen werden, wenn es so weit ist. Meine Güte, ich werde tatsächlich noch einmal heiraten. Ich habe bis heute diesen Zettel. Eingerahmt und werde diesen Tag niemals vergessen. So, so schön ...

Ich bekomme dich endlich nachhause. Wir haben eine neue Couch gekauft. Damit du unten schlafen kannst. Auf Dauer wird es aber nicht gehen. Wir müssen nun doch einen Treppenlift einbauen lassen.

Du erholst dich immer besser. Ich kann auch mal für einige Stunden weg sein. Du kommst klar.

Ich habe für zweimal die Woche eine Reinigungskraft. Die ist toll und nimmt mir viel ab. Auch mit dir versteht sie sich super.

Du bist sehr selbstständig geworden. Du fährst auch alleine mit dem Rollstuhl mit Barni durchs Dorf oder der Feldmark.

Ich arbeite viel von zu Hause, um möglichst viel bei dir zu sein.

Ich habe einige Hilfsmittel besorgt, damit du besser lesen, schreiben und sprechen lernst. Aber deine Aphasie wird leider nicht besser. Auch haben wir nun einen Treppenlift. So kannst du endlich wieder im Schlafzimmer schlafen. Das ist sehr schön.

Da du aber immer öfter Langeweile hattest, trafen wir eine Entscheidung und fanden für dich in der Nähe eine Tagesbetreuung. Du wurdest dreimal die Woche abgeholt und wieder nachhause gebracht. Du warst da unter älteren Menschen auch mit Beeinträchtigungen. Du bekamst drei Mahlzeiten, die ihr alle gemeinsam eingenommen habt. Über den Tag bekamst du mehrere Therapien. Ihr habt gesungen, gebastelt, gebacken und vieles mehr. Du fühltest dich dort gut und hattest Spaß. Du warst echt der King dort und hattest alle mit deinem Charme im Griff. Mir hat es vieles erleichtert.

Du wurdest aber auch immer öfter mutiger. An einem Tag hatte ich dich vermisst. Du warst mit Barni unterwegs in der Feldmark. Nach zwei Stunden warst du aber immer noch nicht da. Ich ging euch suchen. Aber nichts zu sehen. Ich machte mir Sorgen. Fragte Dorfbewohner, ob sie dich gesehen haben. Fragte einen Treckerfahrer. Aber niemand hat euch gesehen.

Aber plötzlich sah ich dich und Barni an der Leine.

Barni war völlig dreckig und nass. Auch du warst total dreckig. Du hast mir mit viel Gestik versucht zu erklären, was passiert ist. Durch gezieltes Nachfragen kam ich auf eine Erklärung. Du bist umgekippt, hast vergeblich versucht aufzustehen. Was natürlich nicht klappen konnte. Aber ein Treckerfahrer hat dir geholfen.

Du stimmtest zu und warst völlig fertig, dreckig, nass und hast gefroren. Ich war so erleichtert, dass dir nichts weiter passiert ist, und brachte dich nachhause. Zu Hause mussten wir allerdings ziemlich lachen.

Auch ein anderes Abenteuer machte deutlich, wie fit – hm, oder auch nicht fit du bist.

Am Freitagnachmittag rief mich die Polizei Rahlstedt an und erzählte, dass du mitten auf der Hauptstraße aufgefunden wurdest. Da du dich nicht verständigen konntest und dich niemand verstand, hast du dich einfach mitten auf die Straße gestellt. Du wurdest beschimpft, aber die Polizei nahm dich dann mit. Ich denke, alle dachten, du wärest betrunken oder geistig verwirrt. Dachten nichts Gutes. Geholfen hat dir leider niemand!

Ich habe dich dann abgeholt. Du bist völlig in dich zusammengesunken. Du hast mir so leidgetan. Du hast auf deinem Handy auf meinem Namen gezeigt. So konnte ich informiert werden. Ich fand das super, wie du dir helfen konntest. Du wolltest deine Mama in Rahlstedt besuchen. Aber es fehlte dir wohl die Kraft. So kamst du nicht vor und nicht zurück. Ich kaufte dann einen elektrischen Rollstuhl. Das erleichterte dir und mir so einiges. Allerdings war das für dich eine neue Möglichkeit zu deiner Mutter zu fahren. Mit dem Linienbus und dann weiter mit dem Rolli. Auch da hat die Polizei dich wieder nachhause gebracht. Das erzählte mir mein Nachbar. Als ich hereinkam, mussten wir beide lachen. Das ist mein Uwe ...

Es gab noch viele solche oder ähnliche Situationen. Es wurde nie langweilig.

Deine Freunde holten dich dienstags und donnerstags zu euren Männerabenden ab. Manchmal übernahm ich das. Aber für dich war das ganz wichtig. Etwas Normalität. Es war großartig.

Die Freunde waren immer für Uwe und auch für mich da. Kamen zu Besuch oder wir fuhren hin.

Ich bin so froh und dankbar, für solche Freunde ...

Solche Freunde zu haben nenne ich GLÜCK!

Zwischendurch warst du noch einmal im Krankenhaus. Du hattest beim Notar einen epileptischen Anfall. Das war ein großer Schock.

Aber pünktlich zum 03.12., deinem Geburtstag, konnte ich dich wieder nachhause holen.

So konnten wir deinen Geburtstag etwas feiern. Kleiner als sonst, aber war trotzdem schön.

Auch haben wir mittlerweile deine Häuser verkauft. Das Wohnhaus aus eurer Ehe konnten wir so verkaufen, dass alle Hypotheken erledigt waren und sogar noch etwas Geld zum Auszahlen übrig war. Das Geschäftshaus haben wir an Lars verkauft. Lars wohnte eh schon in der Wohnung über dem Laden.

Den Laden haben wir zum 31.12.2015 geschlossen.

Alle Freunde und Familie haben dabei geholfen.

Weihnachten haben wir gemeinsam feiern können. Was für ein Wunder.

Wir sehen positiv in die Zukunft. Etwas anders, aber möglich ist fast alles. Auch einige Reisen konnten wir machen. Ich habe den Bus behindertengerecht umgebaut. So fuhren wir nach Dänemark, Rügen und in den Harz und machten dort eine Wellnessreise in einem tollen Wellnesshotel. Uwe hat die Wellnessbehandlungen sehr genossen. Danach machten wir eine Rundreise durch den Harz. Das war Uwes Wunsch. Wir waren in der Westernstadt und im Oldtimer-Museum. Eine schöne Reise ...

Alles lief gut. Das Leben ging weiter. Uwe war gesund und wir haben uns mit dem neuen Leben arrangiert. Alles lief weiter wie die anderen Jahre vor deiner Erkrankung. Ich war glücklich über die Entwicklung. Es war noch viel Arbeit vor uns, aber gemeinsam schaffen wir das. Trotz allem Leid haben wir einen Weg gefunden, glücklich zu sein. Das Lachen haben wir nie verloren.

Aber dann kam der 16.11.2016

Ein neues Kapitel,
ein trauriges ...

In fast zwei Wochen wollen wir heiraten! Wir sind schon sehr aufgeregt. Ich habe mittlerweile drei Kleider und Uwe hat seinen Anzug. Die Torte ist bestellt. Der Raum ist gemietet. Eine tolle Villa, eine fast königliche Villa. Viele Lokalitäten und Räume haben wir uns angesehen. Aber als Uwe diese Villa sah, gab es keine andere Wahl mehr. Diese musste es sein. Genauso, wie wir es lieben. Alt und wunderschön – Vintage eben. Auch Zimmer konnten wir dazu mieten. Für unsere Freunde, die weiter weg wohnen.

Der Caterer ist super. Auch einen DJ haben wir und einen Fotografen. Es ist alles sehr aufregend. Ich hätte nie gedacht, dass ich noch einmal heirate. Wir sind so glücklich ...

Ich habe schon lange nicht mehr ins Tagebuch geschrieben. Es ist viel passiert. Viele Höhen und Tiefen.

Häuser sind verkauft. Laden ist verkauft.

Uwe hat keine Schulden mehr. Das Geschäftshaus hat Lars gekauft. Alle Verträge sind unterschrieben. Das ist das, was Uwe sich gewünscht hat.

In der Tagesklinik hast du dich, obwohl du das erst eigentlich nicht wolltest, gut eingelebt. Du bist der Liebling/Sonnenschein von allen.

Dieses Jahr sind wir viel gereist. Die Teilemarktmesse in Bremen war für dich sehr wichtig und hat sehr viel Spaß gemacht. Sabine und Volker haben uns sehr geholfen. Wir waren in Dänemark, auf Rügen und im Harz. Immer hast du ein Lächeln im Gesicht, ein besonderes Strahlen hattest du.

Oft war ich an meine Grenzen gekommen. Aber du warst immer so positiv und gut gelaunt und hast mir mit deiner besonderen positiven Art immer wieder viel Freude bereitet. Du hast mich so immer wieder heruntergeholt. Wie stark du warst. Aber es wäre gelogen, wenn es dir immer gut gegangen ist. Auch du hattest Tage, da warst du nachdenklich, traurig ...

Als zwei Freunde von uns verstorben sind und dein Freund Clausi wieder einen Schlaganfall hatte, waren wir beide sehr traurig und du wurdest sehr nachdenklich ...

Umso mehr wollten wir nun endlich heiraten. Diesen besonderen Schritt gehen. Dein Heiratsantrag vom 05.09.2015 wird nun umgesetzt.

Wie glücklich du warst. Eigentlich wollten wir am 03.12.2016 heiraten, an deinem Geburtstag. Aber leider ging das nicht, da es ein Samstag war und das Standesamt geschlossen hatte. So entschieden wir uns am 02.12.2016 standesamtlich zu heiraten und am 03.12. sollte nun groß mit allen Freunden und Familien gefeiert werden.

Das Standesamt machte uns das allerdings nicht einfach. Viele Dokumente mussten besorgt werden. Schlimmer war, dass der Beamte Zweifel daran hatte, ob du geschäftstüchtig bist!

So mussten wir dreimal zum Standesamt zum Gespräch. Mussten die Krankenakten vorlegen. Sehr beschämend für uns. Aber wir haben auch das geschafft. Endlich hatten wir eine Standesbeamtin, die auf unsere Seite war und uns sehr liebevoll begleitet hat.

Auf der Hochzeitsmesse in Reinbek holten wir uns noch Ideen.

Der Höhepunkt war der Tag, als wir unsere Ringe kaufen. Es war sehr emotional. Ich konnte gar nicht viel mitreden. Als du unsere Ringe gesehen sahst, kamen dir Tränen und es war klar, das waren unsere Ringe.

Bei unseren Vorbereitungen fließen öfter Tränen. Tränen vor Glück. Aber das alles zeigte mir, dass es richtig ist, dass wir diesen Weg gehen. Dabei wollte ich doch nie wieder heiraten.

Aber es war genau richtig.

Eine aufregende und glückliche Zeit und wir schwebten auf Wolke 7 ...

Unsere Einladungskarten haben wir auf unseren Wunsch anfertigen lassen. Wie alles waren auch die einzigartig.

Wir bekamen viele positive Rückmeldungen und fast alle sagten zu.

Wir waren im Hochzeitsrausch und wir nahmen alle mit.

Nicht so schön war für mich die Kleiderwahl. Ich mochte keine Kleider, für mich eine Strafe. Vor ca. zwanzig Jahren hatte ich mir das letzte Kleid gekauft. Aber du hast es dir gewünscht, dass ich ein Kleid trage. Ich habe gefühlt 100 Kleider angehabt. Ging mit Püppi (meiner Schwiegertochter) shoppen. Die Arme musste mich ertragen. Es war nicht schön. Nichts passte und gefiel mir. Ich machte Notkäufe. Aber das konnte nicht die Wahl sein. Ich wollte mich doch auch schön fühlen und Uwe sollte stolz sein und mich schön finden. So ließ ich mir ein Kleid in Lüneburg schneidern. Damit war ich glücklich. Ich fand mich sogar schön.

Mein Kleid war in royalblau, mit Spitze und ein wenig Glitzer. Sogar eine Schleppe hatte ich. Ich bin so gespannt, wie du mich findest.

Viele Tage, die sehr intensiv waren.

Wir unternahmen viel, um die Zeit nicht so lang werden zu lassen. Wir waren auf dem Dom, gingen viel spazieren, waren mit Sabine und Volker Essen. Bei Freunden und vieles mehr.

Leider warst du auch wieder etwas krank. Du konntest auch nicht zur Tagesklinik. Ich machte mir Sorgen. Denn dein Immunsystem ist nicht so wie bei uns. Es ist immer noch angegriffen. Ich machte nun alles, damit du schnell wieder gesund wirst. Unsere Hochzeit nahte.

Ich ging noch einkaufen, was wir noch alles für die Hochzeit brauchten, oder ich dachte, dass wir es brauchten.

Ich entschied, dass wir eine Candybar brauchten, und kaufte auch dafür alles ein.

Du hast gelacht, als ich dir von der Candybar erzählte. Aber eigentlich denke ich, dass du mich ausgelacht hast. Aber mir war das egal. Die musste sein. Am Mittwochabend bereiteten wir dann gemeinsam die Candybar vor.

Ich fand das richtig schön.

Wir legten die Sitzordnung fest, gar nicht so einfach. Stellten Notfallkörbe zusammen. Auch darüber amüsiertest du dich.

Ein schöner Abend voller Liebe und Vorfreude …

Um 21:10 Uhr bist du aufgestanden und machtest mir deutlich, dass du müde bist und ins Bett gehen wolltest.

Du bist noch ins Bad gegangen. Ich hörte dich auch. Die Toilettenspülung lief. Du hast lange das Wasser laufen lassen. Ich wunderte mich und rief dich, ob alles in Ordnung sei. Das Wasser lief viel zu lange. Ich weiß nicht warum, aber mein Blut floss aus meinem Kopf, meine Beine versagten. Ich hatte ein ungutes Gefühl und lief zu dir.

Der Anblick war so entsetzlich. Du hast gekrampft, dein ganzer Körper krampfte. Du sahst mich an, dieser Blick voller Angst und dann sacktest du zusammen. Ich rief sofort den Notarzt. Da unsere Wache im Dorf Dienst hatte, waren sie sofort bei uns.

Es war ein nervöses Treiben und alle versuchten, dich aus der kleinen Toilette herauszubringen und dir schnell zu helfen.

Ich wusste sofort, das wird schlimm. Die Sanitäter sagten mir, dass es wohl wieder ein epileptischer Anfall sei.

Sie brachten dich raus. Es war nun auch ein zweiter Notarztwagen mit einem Notarzt gekommen.

Ich musste draußen warten. Meine Nachbarn kamen auch raus und versuchten, mich zu beruhigen. Es dauerte und dauerte. Ich sah nur, wie alle im Notarztwagen schwer beschäftigt waren. Warum kam niemand? Was passierte da gerade? Lebtest du noch?

Aber mir war klar, es ist schlimm.

Irgendwann kam der Arzt zu mir und teilte mir mit, dass es sehr kritisch um dich steht. Ich müsste mit allem rechnen. Sie mussten dich reanimieren. Du hättest wohl Hirnblutungen. Sie bringen dich nun ins Krankenhaus. Ich wollte, dass du in die Uni Klinik Lübeck kommst. Da kannten sie dich. Aber es war nicht möglich, da die Klinik zu weit weg war. Also brachten sie dich in die Heidberg-Klinik. Ich sollte deine Sachen packen und später nachkommen. Sollte mir Zeit lassen!

Ich war nicht in der Lage zu fahren. Meine Nachbarn wollten mich fahren, aber das wollte ich nicht. Ich rief meinem Sohn Mirco an. Er kam sofort mit Püppi und sie fuhren mich zu dir ins Krankenhaus.

Ich benachrichtigte Sabine und Volker. Lars und Carina konnte ich nicht erreichen. Christiane war informiert und wollte weiter versuchen, Carina und Lars zu erreichen.

In der Klinik warten wir bis 2 Uhr morgens. Es war furchtbar. Aber denken konnte ich überhaupt gar nichts mehr. Der Arzt teilte uns mit, dass du eine Stammhirnblutung hattest, und zeigte uns auch die Aufnahmen. Er war sehr ehrlich zu uns. Er teilte uns mit, dass diese Hirnblutungen so schlimm seien, dass eine OP keine Option sei. Deine Überlebenswahrscheinlichkeit ist gleich null. Solltest du es dennoch schaffen, dann sicher mit schwersten Hirnschädigungen, die nicht mehr regeneriert werden können. Wahrscheinlich an Geräten am Leben erhalten werden muss. Wir sollten uns nun überlegen, wie es weitergehen soll. Ob es weitergehen soll. Eventuell auch Abschied nehmen!

Ich habe es gewusst, gefühlt ...

Völlig fassungslos und fix und fertig durften wir nun endlich zu dir.

Alles wie vor zwei Jahren, alles genau sooo ...

Ich hatte das Gefühl, dass meine Beine mich nicht mehr tragen. Die Tränen wollten nicht aufhören. Aber das alles beschreibt nicht, wie es mir ging. Es gibt dafür keine Worte. Schon mal gar nicht die richtigen.

Überall Schläuche, Geräte, überall piepste es. Du warst im Koma und mehr im Sterben als am Leben.

Nur kurz durften wir dich sehen. Schweren Herzens gingen wir und verabschiedeten uns. Ich wollte nicht gehen. Ich wollte bei dir bleiben, aber man verbot es mir.

Mein Leben war aus den Fugen geraten. Von nun an änderte sich alles, wieder einmal. Aber ich wusste genau, jetzt wird es viel schlimmer.

Alles war vernebelt und ich fühlte mich wie unter einer Glocke.

Eben noch gelacht, über Hochzeit geredet und geplant. Wir waren so glücklich und voller Erwartungen. Nun hing dein Leben am seidenen Faden, an vielen Geräten. Aber ich kann die Hoffnung noch nicht aufgeben. Ich hoffe und kämpfe, das mache ich schon seit zwei Jahren. In den letzten Monaten konnte ich etwas Kraft schöpfen. Diese Kraft brauche ich jetzt.

Ich musste nun allen Gästen, die zur Hochzeit eingeladen waren, absagen. Den Caterer, Partyservice, Torte, DJ und den Raum, alles absagen.

Alle hatten Verständnis und wünschten uns alles Liebe. Das Geld spielte gerade keine Rolle. Nur noch versuchen, alles zu verstehen, und irgendwie alles schaffen.

Die Telefonate raubten mir meine Kräfte. Es war zu emotional. Freunde waren so ergriffen und wir weinten gemeinsam. Den Schmerz, den kann man nicht beschreiben. Ist nun alles vorbei? Wie viel Schmerz kann man noch ertragen? Obwohl man tief im Inneren, weiß, es gibt kaum Hoffnung, kann und will man das nicht akzeptieren und ist entschlossen zu kämpfen. Aber meine Gedanken sind nun auch immer: Was kann Uwe noch ertragen? Wie weit dürfen wir gehen? Wir sollen und müssen uns auch darüber Gedanken machen. So schwer das auch ist. Aber hier geht es nur um Uwe. Was würde er wollen?

Um ca. 3 Uhr nachts war ich zu Hause. Ich wollte nur noch allein sein. Dieser Schmerz. Ein Alptraum, der nicht zu fassen ist.

Ich konnte nicht schlafen. Ich trank Kaffee, Kaffee, Kaffee und grübelte die ganze Nacht.

Ich hielt es kaum aus und fuhr dann gegen 10 Uhr zu dir ins Krankenhaus. Ich durfte auch sofort zu dir. Es gab nichts Neues. Es ist einfach alles nur schlimm.

Die diensthabende Ärztin erklärte mir deinen Zustand. Es gab keine Hoffnung. Es wird aber alles getan, damit du nicht leidest. Im Laufe des Tages kam Sabine, Volker, Carina, Lars, Christiane, Ute und deine Mama.

Es wurde immer schwerer das auszuhalten. Alle kamen, um sich von Uwe zu verabschieden. Ich war froh, nicht allein zu sein, aber ich hatte auch die Sehnsucht noch etwas alleine mit dir zu sein. Ich hatte dir noch so viel zu sagen. Ich glaube, ich werde langsam verrückt.

Als ich nicht mehr konnte, fuhr ich nachhause. Ging mit Barni spazieren. Und dann nur noch aufs Sofa, Decke über meinem

Kopf und Handy immer am Ohr. Einschlafen konnte ich nicht. Hatte Angst, das Telefon nicht zu hören.

Abends rief mich meine Freundin Uta an. Sie weinte so sehr. Ich weinte sofort wieder mit. Fragte mich, woher sie das mit Uwe wusste. Aber nein, ich erfuhr, dass Jogi, ihr Partner, auf dem Weg zur Arbeit ein Aneurysma im Kopf hatte und auf dem Weg ins Krankenhaus verstorben war. Er war sofort tot!

Ich konnte das nicht glauben und verstehen. Wir weinten beide und ich erzählte Uta, warum ich eigentlich weinte. Was bei uns passiert war. Wir telefonierten sehr lange. Wir hatten ein fast identisches Schicksal und verstanden wie es uns gerade geht.

Freitag, 18.11.

Ein neuer Tag, was passiert heute?

Ich rief die letzten Bekannten an, um sie zu informieren. Auch in meiner Kita und im Froschteich informierte ich, bat um Verständnis, dass ich ein paar Tage Auszeit brauche. Natürlich war auch im Team eine große Bestürzung und Traurigkeit da und alle hatten natürlich auch Verständnis. Sie hatten das schon einmal geschafft. Sie werden das sicher wieder schaffen.

Ich fuhr voller Angst und Anspannung zu dir.

Leider keine Verbesserung, aber auch keine Verschlechterung.

Das EEG zeigte an, dass du lebst, aber nicht wie es dir wirklich geht. Ist das Leben?

Du atmest mit ...

Du zeigst wohl auch etwas Widerstand. Du drückst meine Hand!? Oder spinne ich jetzt?

Du ziehst die Stirn und Augenbrauen hoch ... ok, jetzt spinne ich wirklich, oder? Ein Lichtblick? Reflexe?

Zumindest meinten das die Ärzte und machten keine Hoffnung.

Wir sollten nun intensiv darüber nachdenken, wie es weitergehen soll.

Wir sind uns alle einig, es muss alles getan werden, dass du nicht leidest. Wir sprechen mit den Ärzten das Für und Wider ab. Die Ärzte gaben sich so viel Mühe, uns alles zu erklären und nahmen sich viel Zeit für uns. Wir tendierten nun schweren Herzens für das Abschalten der Geräte.

Du solltest nun in Ruhe und Frieden einschlafen dürfen.

Es mussten aber noch gesetzliche Vorschriften eingehalten werden. Alle Medikamente, die möglich sind, werden nun heruntergefahren, um zu sehen, was passiert, ob und wie du eventuell reagierst.

Sabine, Volker und Ute waren gekommen. Später auch Lea, Robin und Sahra, Uwes Neffe und Nichten.

Ich musste dringend zu Barni. Ich ging mit Barni spazieren, immer mit den Gedanken bei dir. Barni machte mir Sorgen. Er hat nichts gefressen. Liegt unter deinem Bett und jammerte die ganze Nacht. Oder er liegt vor der Eingangstür. Es scheint, als wartet er auf dich. Trauert um dich.

Als ich nachhause kam, erledigte ich meine Mails, Telefonanrufe usw. Das brauchte viel Kraft, aber ich funktionierte.

Ich telefonierte lange mit Uta. So versuchten wir, uns gegenseitig etwas zu helfen. Reden und zuhören. Über unsere Gefühle sprechen. Gemeinsam weinen.

Ich versuchte zu schlafen, aber es gelang mir nicht. Kaffee war mein ständiger Begleiter.

Samstag, 19.11.

Nach noch einer Nacht ohne Schlaf fing ein neuer Tag an.

Petra von der Schlaganfallgruppe, dort gingen wir seit Monaten gemeinsam hin, rief mich an. Sie erzählte mir, dass auch sie Stammhirnblutungen hatte und es überlebt hat.

Nur ca. 10 % der Menschen überleben diese Erkrankung. Mit kleinen bis großen Schäden. Ich sollte ins Forum gehen und mich weiter informieren. Die ganze Nacht informierte ich mich nun im Forum und hatte Kontakt mit Betroffenen. Ich bekam neue Hoffnung. Ich fing sogar an, zu planen! Ich sprach mit den Ärzten und fing an, einen Reha-Platz zu suchen. Total verrückt, ich weiß, aber völlig irrational reagierte man. Also ich …

Ich liebe diesen Mann und ich weiß, wie sehr auch er an seinem Leben hängt. Ein Kämpfer und wie oft haben wir uns in den letzten Monaten darüber unterhalten. Was ist, wenn ... Ich denke, ich weiß, was Uwe möchte.

Lieben heißt allerdings auch LOSLASSEN. Ja und das werde ich tun, wenn es nötig ist und du leidest und oder es wirklich keine Hoffnung gibt.

Dein Arzt sah mich verwundert an. Ich glaube, ein mitleidiges Lächeln zu sehen. Der nannte mich „Süße" und sagte „Du" zu mir. Er war sehr persönlich und vertraut und sehr ehrlich zu mir. Ich vertraute ihm. Er nahm mich in seine Arme und sah mich mitleidig an. Er meinte, dass es durchaus möglich sein kann, es waren aber gesunde Menschen. Und du bist schon schwer vorgeschädigt gewesen. Du hattest schon schwere Gehirnschäden vom Schlaganfall. Die wenigen funktionierenden Gehirnzellen werden es nicht schaffen. Es ist irreparabel! Das war deutlich und meine Hoffnung schwand sofort, war zerstört. Aber eigentlich wusste ich das auch!

Ich kam in die Realität zurück. In die furchtbare Realität.

Alle kamen heute zu dir. Sogar Heike, aber für Heike war es zu schwer. Sie ging schnell aus dem Zimmer. Wir besprachen uns noch einmal und waren uns alle einig. Wenn es kein Lebenszeichen von dir gibt, dann lassen wir dich gehen. Darfst du gehen. Das ist auch Uwes Wille, auf jeden Fall.

Du wirst es nicht wollen, nur an Geräten gefesselt zu leben. Ich allein konnte das nicht entscheiden. So entschieden wir mit der Familie gemeinsam und wir waren uns auch alle einig.

Keine Maßnahmen mehr!

Wir waren nun bei dir. Unterhielten uns, fast nur über Belangloses. Wir wollten wohl alle nicht endgültig entscheiden und uns etwas ablenken. Die Zeit ist aber gekommen. Wir sollten uns verabschieden.

Aber heute noch nicht ...

Ich musste zu Barni. Machte mir Sorgen. Er hat immer noch nichts gegessen. Nur etwas getrunken. Auch Leckerli und Kekse wollte er nicht. Nicht auch noch Barni ...

Ich schlief auf dem Sofa ein. Schreckte aber immer wieder auf, ich wollte das Handy nicht überhören.

Ich würde mir das nie verzeihen, wenn ich nicht rechtzeitig bei dir bin.

Sonntag, 20.11.

Gleich nach dem Aufwachen gehe ich duschen, mein Handy immer an meiner Seite. Trinke Kaffee, gehe mit Barni und fahre zu dir.

Nichts Neues, Medikamente werden ausgeschwemmt. Von dir keine Reaktionen. Ich bemerke, deine Spastik ist nicht mehr da. Du bist total entspannt. Du ziehst deine Augenbrauen nicht mehr hoch, krampfst nicht mehr. Du liegst ganz ruhig, fast wie tot. Aber noch lebst du. Du atmest mit und die Hirnströme sind zu messen, also lebst du noch nach dem Gesetz!

Heute hattest du auch wieder viel Besuch. Auch dein Freund Frank war da. Wir konnten viel sprechen über dies und das und haben versucht eine Lösung für dich zu finden. Die Zeit verging schnell und ich war abgelenkt. Frank beruhigte mich und es war für mich entspannt.

Elvira und Wolfgang waren auch da. Elvira war sehr emotional und hielt es fast nicht mehr aus. Sie weinte sehr und nahm von Uwe Abschied, wie alle, die Uwe besuchten.

Elvira konnte sich einfach nicht lösen. So doll war der Schmerz. Sie musste sich nun auch noch um eine Hochzeit kümmern. Alles nicht einfach. Es war alles so schwer auszuhalten. Wie lange kann ich das noch? Aber das ist egal, ich muss, ich will für dich da sein. Was kommt noch, was ist danach? Die Gedanken sind unerträglich.

Unschön war, dass einige Familienmitglieder schon anfingen, Uwes Sachen aufzuteilen. War das Angst?

Ich machte allen klar, dass sie keine Angst zu haben brauchen. Ich möchte nichts behalten und brauche auch nichts. Große Fragezeichen hatte ich. Ich dachte immer, so etwas gibt es im wirklichen Leben nicht, aber nein, das gibt es.

Ich weiß natürlich, was Uwes Wunsch war, aber das ist egal. Alle sind im Ausnahmezustand und ich versuche, das positiv zu sehen.

Ich werde dich immer in meinem Herzen behalten.

Ich fahre völlig fertig und enttäuscht und voller Trauer nach Hause.

Der Abend endet wie immer ...

Montag, 21.11.

Ich rufe deinen Arzt an und erzähle, was passiert ist. Er war sehr betroffen und war sehr ehrlich zu mir. „Vergiss alles, was im Internet steht oder dir gesagt wird. Uwe kann das nicht überleben. Selbst wenn, dann nur mit so erheblichen Schäden, dass ein Leben, wie es Uwe sich wünscht und kennt, nicht mehr möglich ist. Er wird nicht mehr lebensfähig sein!" Er wünschte sich, dass Uwe in Ruhe einschlafen kann und darf.

Das versprach ich ihm.

Ute war heute da. Ich bekam wieder einmal ihre Spitzen mit. Ich fragte sie, warum sie mich immer so attackieren muss? Aber ich bekam keine Antwort, was auch sonst.

Uwe zuliebe und angesichts der schlimmen Situation nehme ich das mal wieder hin und versuche, nett zu sein.

Ich hätte mich aber auch gefreut, wenn mal eine nette Unterhaltung zustande gekommen wäre. Aber nun gut genug über das Thema geschrieben. Natürlich finde ich es schade, dass ich das schreibe, deutlich bin. Könnte auch noch deutlicher werden, aber der Anstand und die Situation verbieten mir das. Dieses Thema ist für mich nun schon lange präsent und gehört leider zu unserem Leben. Auch jetzt.

Von dir gibt es heute nichts Neues. Medikamente schleichen immer noch aus. Kein Leben und wenig im EEG zu sehen ... Du bist ruhig und entspannt ... schlimm, beängstigend ...

Dienstag, 21.11.

Heute geht es mir etwas besser. Etwas klarer gehe ich lange mit Barni spazieren. Barni isst wieder, wenig, aber etwas. Aber er liegt immer noch bei dir am Bett oder am Eingang. Ich bin mit Barni ganz allein. Das ist auch gut so. Ich möchte niemanden sehen und sprechen. In vier Wochen ist Weihnachten. In ein paar Tagen wäre unsere Hochzeit. Was für eine grausame Vorstellung. Wie soll das gehen? Wie schaffe ich diese Tage?

Mitten beim Spaziergang kam ein Anruf vom Kardiologen der Klinik. Es wäre nichts Schlimmes, aber er müsste mit mir sprechen. Er erzählte mir dann Unglaubliches. Eine Schwester von Uwe, also Ute, sprach mit dem Arzt. Sie meinte, sie wäre die engste Bezugsperson von Uwe und sie würde nicht einverstanden sein, dass die Geräte abgeschaltet werden! Somit würde es eine neue rechtliche Situation geben. Es soll nun plötzlich keine Rolle mehr spielen, was du möchtest, Uwe. Was dein Wille ist. Was alle Freunde und Familie für dich möchten und auch schon entschieden haben. Du darfst gehen! Aber sobald nur ein Familienmitglied anderer Meinung ist, darf nicht abgeschaltet werden. Da du keine schriftlichen Vorkehrungen getroffen hast. Aber wer denkt mit Mitte 50 daran?

Nun muss wahrscheinlich das Gericht entscheiden!

Meist wird in so einem Fall gegen den Patienten entschieden. Ich bin so was von fassungslos, sprachlos und kann das nicht glauben!

Ich erklärte deutlich, was dein Wunsch wäre, was wir uns alle für dich wünschen und entschieden haben. Ich erzählte auch, dass gerade Ute eher wenig Bezug zu Uwe hat. Auch emotional wenig Bindung bestehen würde. Ich spreche ihr natürlich nicht ab, dass sie auch traurig ist.

Nun soll es ein weiteres Gespräch mit allen Familienmitgliedern geben. Dann soll der aktuelle Zustand, Situation, Ausgangslage und eventuelle Zukunft mit Auswirkungen besprochen werden und neu entschieden werden.

Was für eine Situation. Qualvoll, Stress und emotionales Chaos. Warum macht man das? Wieso muss man sich so verhalten?

Menschen in so einer Ausnahmesituation so zu verletzen, ist beschämend. Oder Neid, Missgunst? Krank? Und da wird von starker emotionaler Bindung gesprochen! Ich entschied für mich, nicht mehr mit ihr zu sprechen. Sie zu ignorieren. Ich blieb noch etwas länger bei dir. Wir waren allein. Alles ruhig ... Am Abend bin ich erschöpft eingeschlafen.

Mittwoch, 23.11.

Heute kamen Rosi und Helga zu mir. Das sind meine Nachbarinnen und wir sind gut befreundet. Sie hatten sich bis jetzt zurückgehalten. Aber nun wollten sie Informationen. Aber so lieb und überhaupt nicht aufdringlich. Sie hatten wirklich großes Interesse und waren sehr mitfühlend – ganz leise ...

Ich erzählte und beide hörten geduldig zu und waren einfach nur für mich da. Das tat gut.

Bei dir war nichts Neues. Ich war bei dir, erzählte und wir hörten Musik. Ich warte nun auf das Gespräch morgen.

Am Abend rief mich die Tochter an und fragte, ob sie unbedingt beim Gespräch dabei sein müsse. Sie hätte Konzertkarten gekauft und wollte nach Heidelberg. Ich teilte ihr mit, dass es ihre Entscheidung sei. Sie solle nur unbedingt mitteilen, was sie sich für dich wünscht. Eventuell noch einmal zu dir kommen.

Aber wenn nicht, wäre es für mich auch ok. Das kann wirklich nur sie entscheiden. Jede Entscheidung wäre ok, wenn es für sie ok ist.

Uwe würde wollen, dass sie glücklich ist. Er liebt Carina sowieso immer ganz doll.

Es rufen täglich viele Freunde und Familie an. Mit Uta spreche ich ganz oft und immer sehr lange. Wir beide trauern gemeinsam um unsere Männer. Jede auf ihre Weise. Wir hadern mit unseren Leben gerade und dem lieben Gott!

Den Umständen entsprechend geht es mir erstaunlich gut. Ich bin ruhiger, besonnener.

Donnerstag, 24.11.

Heute geht es mir nicht so gut. Mein Körper will nicht und mir ist schlecht. Ich renne ständig zur Toilette. Sogar der Kaffee schmeckt mir nicht.

Ich schaffe es kaum, mich fertig zu machen. Aber ich muss doch! Ist das die Panik vor dem Gespräch?

Ute rief an. Ich glaubte das nicht! Was sie wohl möchte? Will sie absagen? Nein, natürlich nicht. Sie möchte doch tatsächlich, dass **ich** das Gespräch sachlich und mit Niveau führe! Soll mich unbedingt daranhalten! Ich fasste das nicht. „Und das sagst du mir?", rief ich und legte auf.

Was für ein Mensch!

Ich sitze bei dir. Weine und habe Angst vor dem Gespräch. Vor dem Tag.

Du hustest heute viel. Du schüttelst dich und der Speichel läuft. Ich versuche, dich zuzudecken. Bevor die Familie kommt und das Gespräch stattfindet, holte ich mir noch einen Kaffee.

Um 15:30 Uhr gingen wir zum Gespräch. Leider waren Ute und Lars noch nicht da. Die Ärzte wollten auch nicht mehr warten.

Wir wurden noch einmal über deine Situation aufgeklärt. Es gab immer noch keine Hoffnung, selbst wenn du aufwachst, wärest du nicht lebensfähig. Umso paradoxer ist es, dass an deinem „Leben" festgehalten werden muss! Sie wollen oder müssen nun auch noch einen Luftröhrenschnitt machen. Das wäre wichtig, damit du besser atmen kannst, dein Mund, der schon von innen ganz wund ist, entlastet wird. Damit du beim Husten nicht das Gefühl hast zu ersticken. Alles gute Argumente, die ich nachvollziehen kann und muss zustimmen. Es gibt viele Risiken bei der OP, aber dennoch wurde es gemacht!

Danach solltest du auf eine Palliativstation nach Ochsenzoll. Beide Kliniken gehören zusammen. Dort wirst du oder auch wir betreut. Du bekommst nur die allernötigsten Medikamente, damit du nicht leidest, keine Schmerzen hast. Auf dem letzten Weg deines Lebens. Sollte es dann doch noch eine Verbesserung geben, sehen wir weiter. Aber das ist schon eine Ansage. Eine sehr endgültige Ansage.

Lars, Carina und Ute kamen später dazu. Für beide Kinder war es schlimm und sie weinten. Ute? Da möchte ich lieber keinen Kommentar abgeben. Lars war mit dieser Entscheidung nicht einverstanden, aber so schwer das auch ist, es scheint zurzeit die beste Lösung zu sein. Das Beste, was wir jetzt tun können. Ute konnte und wollte ich nicht mehr ins Gesicht sehen und oder mit ihr reden.

Ich ging und der Abend wiederholte sich, wie jeden Abend.

Freitag, 25.11.

Über eine Woche ist es nun schon her. Täglich die Frage, was ist heute, was passiert heute? Wie geht es weiter?

Allerdings ist heute ein anderer Tag, ein nicht schöner Tag.

Heute wird Jogi, der Partner von Uta, beerdigt.

Meine Freundin Chrissi hat Geburtstag.

Leider kann ich heute nicht zu ihr. Ich habe ihr per Telefon gratuliert. Sie versteht es.

Die Beerdigung war furchtbar traurig. Um Uta habe ich mir große Sorgen gemacht. Sie weinte hemmungslos und wurde von ihrer Tochter gestützt. Es waren viele Menschen anwesend. Die Feuerwehr stand Spalier. Sie trugen den Sarg nach draußen.

Alles sehr emotional. Zum anschließenden Kaffee trinken bin ich nicht mitgefahren. Das konnte ich noch nie bei einer Beerdigung.

Auf dem Weg zum Auto rief mich der Notarzt an und wollte mit mir sprechen.

Er erklärte mir, wie die OP ablaufen wird, was eventuell passieren kann, die Risiken.

Ich habe versucht, alles zu verstehen, aber es ging irgendwie alles an mir vorbei. Ich fühlte mich wie auf einer grauen Wolke, von der ich jeden Moment herunterfallen könnte.

Ich unterschrieb die Einwilligung für diese OP. Wie hätte ich mich auch sonst entscheiden sollen? Die OP soll nun am Montag sein.

Ich habe das Gefühl, du bist heute etwas wacher und aktiver. Du scheinst zu reagieren. Du drückst meine Finger, hebst die Augenbrauen und runzelst die Stirn. Du bewegst Arme und Beine. Oder fantasiere ich?

Am ganzen Körper hast du wieder einen Ausschlag. Das soll von den ganzen Medikamenten kommen. Haben auch schon reagiert.

Ich versuche zu schreiben. Aber du scheinst etwas dagegen zu haben. Immer wenn ich anfange zu schreiben, bewegst du dich. Ich streichele dann deine Hand und du wirst ruhiger.

Die Schwester ist bei dir und saugt deine Luftwege und deine Lunge ab und nimmt dir Blut ab. Das scheinst du nicht zu mögen und es strengt dich sehr an. Du bist eingeschlafen und ich konnte weiterschreiben.

Kurz danach merkte ich aber, dass ich Hunger habe. Hatte den ganzen Tag noch nichts gegessen. Es war ein anstrengender Tag, ein trauriger Tag. Ich fuhr zu Barni und machte uns beiden etwas zu essen. Ich ging lange mit Barni spazieren. So konnte ich etwas herunterkommen. Etwas entspannen ... hm na ja, ich versuchte es ...

Samstag, 26.11.
Ich habe letzte Nacht sehr schlecht geschlafen. Mein Magen schmerzte, der ganze Bauch schmerzte. Mir war furchtbar übel. Ich lag ewig wach und so stand ich auf. Trank Kaffee und versuchte, mich beim Fernsehen etwas abzulenken.

Ich versuchte, etwas im Haushalt zu machen, ging mit Barni und versuchte etwas Adventsstimmung ins Haus zu bringen.

Beim Spazierengehen werde ich von einigen Dorfbewohnern angesprochen. Es hat sich herumgesprochen, was mit Uwe wieder passiert ist. Sie nehmen alle Anteil und bieten ihre Hilfe an. Das ist rührend und ich freue mich. Aber es ist auch anstrengend, Fragen zu beantworten und die Situation zu erklären. Das wollte ich auch eigentlich vermeiden, aber im Dorf bleibt nichts verborgen.

Morgen ist der erste Advent und die Kinder wollen kommen.

Ich bin motiviert, aber an der Umsetzung es gemütlich zu machen, scheitere ich.

Die Kinder wollen mit mir zum Adventsbasar. Ich werde wohl nicht mitgehen. Aber weiß ich eigentlich, was ich möchte? Was ich gerade kann und ertrage?

Eigentlich brauche oder wünsche ich mir Ruhe und möchte bei dir sein. Aber auf meine Kinder freue ich mich natürlich. Ich war erst mit dir allein im Zimmer. Das war schön. Du drücktest meine Hand. Du hast scheinbar gefroren und ich bat um eine Decke für dich. Du wurdest sofort ruhiger. Du schläfst viel und dann kann ich immer schreiben. Mir tut das gut. Sabine und Volker kamen. Das ist immer gut. Sie sind so lieb. Aber als Ute kam, bin ich gegangen. Ich kann das gerade so gar nicht.

Ansonsten gibt es über deinen Gesundheitszustand nicht viel Neues. Du hast öfter Fieber. Einen Grund können die Ärzte nicht wirklich finden. Aber aufgrund der Schwere deiner Erkrankungen kann dein Gehirn die Temperatur nicht wirklich allein regulieren. Aber sie haben auch das hier im Griff und ich bin beruhigt.

Sonntag, 27.01.

Morgen soll nun die OP sein. Du sollst einen Luftröhrenschnitt bekommen. Sie wollen dann schnell versuchen, dich von der Beatmung wegzubekommen. Dann könntest du auf eine Palliativstation. Geplant ist Ochzenzoll. Ich bin erstaunt und fühle mich überrumpelt. Wie bitte? Davon war nicht die Rede und so habe ich mir das nicht vorgestellt? Ich war zu Tode betrübt. Die Beine schienen unter mir nachzugeben.

Ich teilte mit, dass ich mich um einen Palliativ-Platz selbst kümmern werde.

Ich blieb heute nicht lange. Die Kinder wollten kommen. Es ist der erste Advent. Ich brauchte auch etwas Hilfe bei einigen Dingen im Haus, die ich nicht allein machen konnte. Ich freue mich immer über meine Kinder. Aber zurzeit ist es anstrengend und ich bin eigentlich lieber allein. Ich hoffe meine Kinder, die ich wirklich über alles liebe, verzeihen mir.

Ich besuchte in den nächsten Tagen die Palliativstation im Groß-Sand-Krankenhaus in Wilhelmsburg. Sie waren dort sehr nett und bemüht, mir alles mit viel Gefühl zu erklären. Ich habe mir alles angesehen. Wenn es schon sein muss, könnte ich mir das hier gut vorstellen. Es könnte ein guter Ort für uns sein, wenn es sein muss, Abschied zu nehmen. Obwohl ich genau weiß, dass wir in absehbarer Zeit von dir Abschied nehmen müssen, da es wenig bis gar keine Hoffnung gibt, kann ich es nicht im Kopf zusammen bekommen. Kopf und Herz spielen nicht zusammen. Verdammt!

Montag, 28.11. und Dienstag, 29.11.

Heute sollst du operiert werden. Ich fahre ganz früh los, um dich vor der OP noch einmal zu sehen. Dir auch zeigen, ich bin da ...

Ich habe solche Angst ...

Ich habe es geschafft und dich gerade noch gesehen und konnte dir tschüss sagen.

Die OP hat drei Stunden gedauert und dann konnte ich endlich zu dir. Du sahst etwas blutig aus, aber du hast es wieder einmal geschafft. Es ist alles gut gegangen.

Die Beatmung wurde schon heruntergestellt. Das sei gut, sagen sie hier. Morgen planen sie, dich schon ganz von der Beatmung abzustellen. Das ging so schnell. Warum? Sie wollen dich verlegen, auf die Palliativstation ...

Ich teilte mit, dass ich mir einige Palliativstationen angesehen hab und Groß-Sand bevorzuge. Ich werde mir aber auch noch Ochzenzoll ansehen.

Ja da war ich denn auch. Ich war so geschockt. Es war furchtbar dort. Das ganze Gelände und die diese Station alles sagte mir sofort NEIN! Hier niemals ...

Die Seelsorgerin war nett, aber als sie wie das natürlichste von der Welt erzählte, dass zwar gerade kein Platz frei sei, aber ich mir keine Sorgen machen sollte, da hier auf Station die meisten Menschen nach zwei bis drei Tagen sterben. Ist wohl die Luft hier, lachend und unsensibel ...

Ich bin aufgestanden und ging mit den Worten: „Hier kommt mein Mann sicher nicht hin" ... lief weinend raus und ich konnte das nicht glauben, was diese Frau, eine Seelsorgerin, mir da gerade ins Gesicht gesagt hat.

Ich teilte den Ärzten im Krankenhaus mit, dass ich Ochzenzoll ablehne. Ich hoffte, dass das akzeptiert wird.

Groß-Sand war viel angenehmer, so angenehm, wie man diese Situation nennen kann.

Ich kann immer bei dir sein. Ich bin aber auch ganz in der Nähe der Kitas.

Dir geht es unverändert. Du schläfst viel und wenn du wach bist, habe ich das Gefühl, du bist fitter.

Du drückst immer meine Hand, wenn ich komme und heute weinst du. Tränen rollen über dein Gesicht.

Ich muss heute oft draußen warten. Das nervt und ich versuche, mit einem Arzt zu sprechen, aber es hat keiner Zeit.

Ich bin völlig verzweifelt und am Ende. Ich ging und traf Sabine und deine Mama unten im Eingangsbereich. Ich erzählte alles. Bine lächelte, und deine Mama sah sehr verzweifelt aus.

Ute kam auch und ich bin dann sofort gegangen.

Zu Hause angekommen bin ich auf der Couch sofort eingeschlafen ...

Dienstag, 30.11.
Ich hatte wieder einmal eine furchtbare Nacht. Kein Schlaf, Alpträume ...

Ich kann oft den Unterschied nicht erkennen, schlafe ich oder träume ich.

Stehe früh auf und habe viel Schreibkram zu erledigen. Mails beantworten, Telefonanrufe machen und Gehälter überweisen und und und ...

Der Arzt fragt mich, wie es weitergehen soll.

Ich erzählte ihm von Ochzenzoll und Groß-Sand. Er verstand mich gut. Aber eine Lösung musste her.

Oder eventuell doch eine Früh Reha?

Vor zwei Wochen war die Entscheidung klar für Palliativ. Aber in den letzten zwei Wochen hast du Fortschritte gemacht. Ich weiß natürlich, dass ich mir keine Hoffnung machen sollte, aber ich sehe, dass du Leben zeigst, dass du kämpfst. Du hustest ab, du atmest immer besser und allein, deine Organe funktionieren und du bist immer öfter wach, wacher. Du schienst mir zuzuhören und zu verstehen, was auch immer. Ich bilde mir das nicht ein.

Ich sehe eine dicke Entzündung am Hals. Ich sage Bescheid. Man sagt mir, es werde alles getan. Ein netter Pfleger meinte, es müsse mehr für dich getan werden. Er sieht die Entwicklung, die du machst, auch.

Es hat kein Arzt Zeit. Ich beschwere mich und verlange auf jeden Fall einen Arzt, egal wann. Mache nun Fotos ...

Der Arzt meint, sie wollen dir nun kein Blutdruckmittel mehr geben, um dir das Sterben einfacher zu machen.

Ich lehnte das zu diesem Zeitpunkt ab. Teilte ihm meine Bedenken, Meinungen und Beobachtungen mit. Er wurde nachdenklich und wollte sich Gedanken machen. Verstand er mich? Oder wollte er mich nur beruhigen?

Man teilte mir dann mit, dass sie es noch einmal versuchen werden, alles für dich zu tun. Ich glaube, zu dieser Zeit ist es eine richtige Entscheidung. Aber natürlich grübele ich, was ist eigentlich richtig, was möchtest du?

Der Arzt hat sich deinen Hals angesehen und wird noch einen HNO-Arzt dazu holen.

Ich fuhr nachhause ...

Donnerstag, 01.12.

Ein Tag vor unserer geplanten Hochzeit ...

Mir geht es gar nicht gut. Ich kann nicht aufhören, zu weinen. Eine Bekannte hat mir geschrieben und ich habe geantwortet. Aus kurz wurde erstaunlich lang. Es tat mir gut und lenkte mich etwas ab.

Der Arzt rief mich an und teilte mir mit, dass Groß-Sand dich zurzeit nicht aufnehmen kann und wollte. Der Weg wäre für dich zu weit und wir wohnen nicht in Wilhelmsburg. Ich bin aber Wilhelmsburgerin und habe meine soziale Anbindung in Wilhelmsburg. Ich verstand nichts mehr.

Im Krankenhaus angekommen, erzählte mir der Arzt, dass er mich so gut versteht und nun auch eine Verlegung nach Groß-Sand nichts mehr im Wege steht. Allerdings nur, wenn ich dich beim Sterben begleite!?? Was soll ich davon halten. Haben Sie mich nicht kennengelernt? Wissen sie immer noch nicht, was mir für Uwe wichtig ist? Soll mich nun freuen, oder nicht? Zumindest freue ich mich, dass du nach Wilhelmsburg kommst.

Der Arzt erzählt mir nun auch, dass sie überlegen, dir keine Flüssigkeit und Nahrung mehr zugeben. Wie bitte? Ich verstehe gerade wieder nichts. Da du vor zwei Wochen Leben zeigtest und deine Gehirnströme gut waren, war das kein Thema mehr. Nun doch?

Gestern hieß es, sie wollen die Medikamente ausschleichen lassen, um zu sehen, was passiert.

Heute kein Essen und Trinken?

Antibiotikum soll gegeben werden, laut HNO-Arzt, da eine Entzündung in der Luftröhre sei.

Aber nun erzählt mir die Schwester, es soll kein Antibiotikum gegeben werden. Ich weiß nicht mehr, was ich glauben und verstehen soll und kann.

Ich bekomme immer mehr Angst. Lassen sie dich nun schnell sterben?! Ist das eventuell doch die richtige Entscheidung? Kann ich eigentlich noch objektiv entscheiden?

Vor zwei Wochen war die Entscheidung klar, Uwe sollte jedes Leid genommen werden. Das war für mich das Allerwichtigste. Du solltest nicht leiden, keine Schmerzen haben und keine Angst. Sanft einschlafen ...

Aber nun? Nun soll ich über Leben und Tod entscheiden? Wer bin ich, das zu wagen? Wie soll und kann ich in meinem Leben damit zurechtkommen?

Entscheidest nicht eigentlich nur du?

Seit zwei Wochen kämpfst du. Würdest du dich nicht selbst aufgeben, wenn du nicht mehr kannst?

Kannst du das überhaupt? Was ist, wenn ich entscheide, alles soll getan werden und du dann den Rest deines Lebens an lebenserhaltenden Apparaten bewegungslos im Bett liegst?
Das ist sicher nicht das, was du möchtest.
Ich weiß, dass du kämpfst, du ein Kämpfer bist. Aber ich weiß auch, dass du ein halbwegs normales Leben leben möchtest. Aber was ist halbwegs normal? Menschenwürdig?
Wer entscheidet das, wer kann das?
Eigentlich doch nur du. Möglichkeiten hast du bestimmt, uns das erkenntlich zu machen. Oder?
Mein Kopf ist soo soo voll oder leer?
Hilf mir Uwe!

Freitag, 02.12.
Wieder eine Nacht ohne Schlaf. Mein Magen spielt verrückt.
Heute wäre unser Hochzeitstag!
Heute Morgen war Rosi bei mir. Sie meinte das sicher gut, aber ich wäre auch gerne allein gewesen. Einfach nur weinen ...
Marvin ist gestern zu mir gekommen. War total überrascht. Ich habe nicht mit Marvin gerechnet. Ich habe mich aber so sehr gefreut. Marvin hat sich Gedanken gemacht und er kennt mich sehr genau.
So schön ...
Nun bin ich heute nicht allein. Aber wäre auch ok, wenn doch. Ich will einfach nur noch weinen. Die Hochzeit ist so weit weg, unreal, aber dennoch ist sie präsent. Ich habe mit Uta geschrieben. Sie weiß, wie es mir geht, und die Gespräche tun gut.
Mit großer Angst und Sorgen fahre ich zu dir. Du bist in ein anderes Zimmer verlegt. Ganz hinten im Gang, ganz allein. Die Schwestern, weit weg von dir. Du bekommst keine Flüssigkeit und keine Nahrung mehr. Was ist hier los? Wenn du Hilfe brauchst, hört dich hier niemand.
Die Schwester erklärt, dass du hier deine Ruhe hättest, und alle zwei Stunden würde man nach dir sehen. Alle zwei Stunden? Meine Sorgen versteht die Schwester scheinbar nicht.

Sie haben Uwe zum Sterben abgestellt. Ich möchte unbedingt einen Arzt sprechen. Es ist hier sehr viel ruhiger als auf der vorherigen Station, der Intensivstation.

Ich sage es auch deutlich, dass ich denke, dass du hier zum Sterben verlegt wurdest. Die Schwester sah mich nur an und antwortete nicht.

Du erschienst mir sehr ruhig. Keine Bewegung, keine Reaktion, wie sonst in den letzten Tagen. Du wirst gar nicht wach. Irgendetwas stimmt hier nicht. Aber was?

Ich bleibe lange bei dir. Es erschien mir wichtig, wichtiger als sonst. Ich wollte morgen Pflegeprodukte mitbringen. Creme für Hand und Füße, Finger- und Fußnägel schneiden. Das scheint hier nicht gemacht zu werden. Erfrischungstücher und Zitronenstäbe für deinen Mund. Hier im Zimmer ist davon nichts zu sehen!

Ich erzähle Uwe, welcher Tag heute ist. Ich weine wie verrückt. Ich kann mich nicht beruhigen. Denke immer daran, was an jeweiliger Tageszeit passiert wäre.

Um 13:30 Uhr wäre ich offiziell deine Ehefrau, Frau Peters gewesen. Ich spielte dir unser Lied vor „Marmor, Stein und Eisen bricht" ja, unser Lied. Ungewöhnlich, aber unser Lied.

Es sollte unser schönster Tag werden!

Lieber Gott gibt es dich, wenn ja, hilf uns …

Sonntag, 03.12.

Ich weiß nicht, wie ich gestern nachhause gekommen bin. Musste zweimal unterwegs anhalten, weil nichts mehr ging.

Dein Freund Jochen rief an und wollte uns freudig gratulieren. Er wusste noch nichts von dir, was passiert war. Er war sehr gerührt und entschuldigte sich. Ich weinte und weinte. Heute ist auch noch dein Geburtstag. Zu Hause wartete Marvin und kam mir sofort entgegen. Er wusste genau, wie es mir ging. Es war gut, dass Marvin da war. Obwohl ich mir immer sage: „Weine bloß nicht vor deinen Kindern", hörte ich nicht auf. Ich konnte das auch nicht mehr steuern. Was für ein furchtbarer Tag. Marvin war wohl etwas überfordert und wusste nicht, was er tun sollte. Wie auch. So sah er seine Mama noch nie. Die sonst so starke Mama.

Er blieb etwas hilflos bei mir, aber irgendwie tat es mir gut. Ich beruhigte mich dann. Sabine rief an, aber ich konnte nicht mehr, entschuldigte mich und legte auf.

Aber dann tat mir Sabine leid und ich rief sie zurück. Sie nahm aber nicht ab. Einige Minuten später stand sie bei mir vor der Tür. Gott, wie süß ...

Wir sprachen, weinten, aber sie lenkte mich ab, wir lenkten uns ab ...

Als Bine weg war, legte ich mich aufs Sofa, Decke über den Kopf und schlief ein ...

Am Morgen ging der Alptraum weiter. Heute wäre unsere Feier. Was haben wir uns darauf gefreut. Aber nun ist das alles nicht mehr wichtig.

Heute wirst du 56 Jahre alt. Vor zwei Wochen dachten wir noch, dass es unsere schönsten Tage werden.

Als ich zu dir kam, hustetest du so doll. Du warst schon ganz rot. Bekamst kaum Luft. Warst total kaltschweißig. Ich bekam Angst und drückte den Notknopf. Erst nach zehn Minuten kam eine Schwester. Kam rein und meinte, es kommt gleich jemand. Ich wurde richtig wütend und energisch schrie ich sie an. Nicht gleich, jetzt, sofort! Es kam dann auch jemand. Du warst über und über mit Eiter am Hemd und Kissen bedeckt. Ich war am Ende, aber entschlossen, zu kämpfen. So etwas darf es nicht geben.

Wie lange warst du allein, wie lange hat sich niemand um dich gekümmert? Ich kämpfte um deine Würde.

Du wurdest dann nett und freundlich versorgt. Ich entschuldigte mich dann natürlich. Dass es nicht persönlich gemeint war. Dass ich weiß, dass das System dafür verantwortlich sei. Ich weiß, dass sie alle alles Mögliche tun. Sie erzählte, dass viele krank seien, auch sie. Aber wenn sie nun auch noch zu Hause bleibt, ist niemand mehr da. Das tat mir echt leid. Aber ich muss an Uwe denken.

Du wurdest ruhiger und ich konnte dir zum Geburtstag gratulieren. Ich habe einen kleinen Kuchen mit einer Kerze mitgebracht. Aber du warst so schlapp und müde. Ich glaube, du hast nicht viel mitbekommen.

Nun kamen auch die Schwestern öfter zu dir. Du bekommst auch Nahrung und Flüssigkeiten. Sogar Tee.

Heute wollte ich eigentlich Körperpflege bei dir machen, aber du hast viel geschlafen, da habe ich es auf morgen verschoben. Ist auch nicht so wichtig.

Sicher kommt heute auch noch deine Familie. Also schlaf erst einmal.

Ich schreibe immer, wenn du schläfst. Ich überlege oft, was ich mit den Briefen, dem Tagebuch machen werde, welches ich seit dem 11.02.2015 schreibe. Mit Unterbrechung, aber regelmäßig und immer, wenn wieder etwas Wichtiges passiert.

Schlechtes, Gutes, Neues, Reisen und so weiter. In erster Linie hilft es mir, das alles zu verarbeiten. Schon als Kind habe ich geschrieben. Aber auch dir ein paar Erinnerungen zu hinterlassen. Einige Seiten haben wir ja auch schon gemeinsam gelesen. Wir haben dann oft gemeinsam geweint. Aber auch gelacht. Ich denke aber auch darüber nach, die Zeilen an dich, unsere Geschichte auch für andere zugänglich zu machen. Eventuell ein Buch darüber zu schreiben und dass das eventuell auch veröffentlicht wird. Vielleicht kann ich somit anderen Betroffenen in ähnlicher Lage mit meinen Erfahrungen helfen. Damit Betroffene nicht allein sind und sich darin wiedererkennen. Ihnen Mut und Hoffnung geben. Aber zurzeit weiß ich nicht, wie unsere Geschichte weitergeht oder vielleicht endet?

Muss ein Buch nicht ein Happy End haben?

Das wünschte ich mir sehr. Aber ich weiß eben nicht, was noch kommt.

Ist es auch richtig, ein Gefühl, mein Leid, Schmerz und Erlebnisse, die nicht immer schön sind, zu teilen?

Ich werde mir dann viele Gedanken machen müssen. Vieles müsste ich weglassen, ändern. Ich werde sehen ...

Du schläfst tief und fest und lange. Ich warte auf deinen Besuch.

Gegen 16 Uhr kamen deine Kinder und Jenny. Aber auch Sabine, Volker und deine Mama.

Sabine hat knallgelbe Smiley-Luftballons mitgebracht. Wir aßen Kuchen. Es war eine sehr bedrückende Stimmung. Alle sahen ernst aus und besorgt aus. Die Ballons platzten nacheinander. Wir erschreckten uns, mussten aber auch lachen.

Irgendwann ging ich weinend raus. Als alle weg waren, blieb ich noch lange bei dir. Du warst ruhig. Ist das ein gutes Zeichen?

Ich konnte heute einfach nicht gehen. Ich hatte ein ungutes Gefühl, Angst. Ich kämpfe täglich mit meiner Angst. Eine meiner größten Ängste ist, dass du allein bist, wenn du stirbst.

Sehe ich dich am nächsten Tag wieder? Lebend?

Ich habe oft ein schlechtes Gewissen, dass ich gehe. Mache ich wirklich genug für dich?

Aber ich muss halt auch gehen. Da ist Barni, den ich ziemlich vernachlässige. Meine Kitas, meine Mitarbeiter und alles, was mit meiner Arbeit zu tun hat. Jeden Tag muss ich entscheiden, mein Gewissen so oder so beruhigen. Immer mein Bestes geben. Egal, ob die Kraft das noch zulässt.

Ich muss ...

Ich fahre völlig fertig nachhause. Marvin hat gekocht. Wie ich mich freue. Marvin hat sich auch um Barni gekümmert. Wir unterhielten uns und sahen noch Fernsehen. Irgendwann ist Marvin noch zum Freund. Ich war meinem Kind so dankbar.

Ich schlief ein und am Morgen wachte ich mit Kopfschmerzen auf.

Sonntag, 04.12.2016 zweiter Advent

Ich hatte keine Ruhe und fuhr schnell zu dir. Du warst scheinbar gut versorgt und hast ruhig geschlafen.

Ich musste weinen, du lebst, was war ich froh.

Dein Husten war sehr viel besser geworden. Das beruhigte mich. Ich erzählte dir über dies und das. Hörten Musik, von Carina. Carina hat mir einige Lieder von ihr geschickt. Ob du etwas hörst, erkennst du Carina?

Ich liebe Carinas Stimme und höre sie immer gerne.

Du schläfst viel und so kann ich schreiben.

Montag, 05.12.2016

Ich habe ganz gut geschlafen, erstaunlicherweise. Aber irgendwann holt sich der Körper dann doch den Schlaf, den er braucht. Ich musste früh aufstehen. Viel zu tun.

Die Klinik rief mich an. Die Palliativstation Groß-Sand in Wilhelmsburg hat heute abgesagt. Du sollst nun in die Palliativstation vom Heidberg Krankenhaus. Ich teilte mit, dass ich gleich kommen werde und mit einem Arzt sprechen möchte.

Ich lasse alles liegen und fahre ins Krankenhaus. Ich wurde auch gleich zum Gespräch gebeten. Mir wurde erklärt, dass du nicht länger auf dieser Station bleiben kannst. Es liegen dort akut erkrankte und frisch operierte Patienten. Da nicht mehr viel für dich getan werden kann, sollst du nun auf die Palliativstation.

Auf Nachfrage von mir, teilte man mir mit, du sollst nach Ochsenzoll. Ich war entsetzt. Hatte ich doch schon vor einer Woche mitgeteilt, dass Ochsenzoll auf gar keinen Fall infrage kommt.

Ich habe das auch begründet. Mir ist es ansonsten fast egal, wohin du verlegt werden sollst. Auch egal wie weit es sein wird. Hauptsache es geht dir dort gut und die Patienten werden mit Empathie und Würde betreut.

Sehr emotionslos meinte der Arzt zu mir, man könnte nichts mehr für meinen Mann machen. Es gibt keine Aussicht mehr auf irgendeine Hoffnung, dass es dir besser gehen wird. Ja, ich weiß das doch. Ich sehe es jeden Tag. Aber auch in dieser Situation, hast du doch, wie jeder Patient, ein Recht auf eine würdevolle Betreuung. Auf eine würdevolle Verabschiedung vom Leben, wenn es so etwas gibt? Es ging noch weiter. Du würdest doch eh nichts mehr merken. Ich verstand nicht. Und warum dann die Schmerzmittel? Das Wort Wachkoma fiel. Ja, natürlich, ich weiß das doch. Ich hatte das Gefühl, sie wollten mich nicht verstehen oder konnten sie das nicht? Die angeblichen Fortschritte würde ich mir nur einbilden, mir wünschen. Das machen fast alle Angehörigen.

Mir ist schon klar, sie sind Ärzte und haben täglich mit solchen oder ähnlichen Situationen konfrontiert. Sie müssen täglich abwägen. Ich verstehe das ja auch. Aber für mich bist du mein Partner, den ich liebe, mein Leben. Keine Nummer, kein Patient mit irgendeinem Namen.

Ab sofort würdest du nur noch mit dem Nötigsten versorgt. Keine Untersuchungen mehr, keine CTs oder Sonstiges mehr. Dieser Zustand könnte noch Jahre so andauern. Da deine Organe noch funktionieren könnten und dürften sie dich nicht sterben lassen bzw. dabei helfen? Sogenannte Sterbehilfe? Aber das ist ein anderes Thema. Ein schweres. Ein Thema mit vielen Argumenten und sicher ein Ansichts- und Diskussionsthema. Aber ich komme da sicher noch drauf zurück.

Die Argumentation der Ärzte ist für mich schwer zu verstehen.

Du merkst nichts mehr, alle Organe funktionieren, du machst Fortschritte, fragwürdig, dein Stammhirn irreparabel. Wie soll man das alles verstehen? Mein Kopf ist leer und voll.

Müssen Ärzte eigentlich meist so brutal ehrlich sein? Emotionslos? Wird es im Studium so gelehrt? Ist es nicht auch wichtig, mit Gefühlen diese Arbeit zu leisten? Oder bin ich nicht bereit, die Wahrheit zu akzeptieren? Zu stur? Oder ist es Liebe? Meine Oma hat mir immer gesagt: „Lieben heißt auch loslassen."

Ja, dieser Satz ist jetzt so wichtig. Bin ich bereit, loszulassen?

Ja, wenn es für dich das Beste ist, auf jeden Fall.

Aber ich kämpfe darum, dass du würdevoll gehen kannst.

Irgendwie habe ich dann wohl doch den Arzt zum Nachdenken gebracht. Er meinte, er würde sich noch einmal Gedanken machen und eine Lösung finden. Er würde mich dann wieder ansprechen. Er hätte es aber nun eilig.

Du schläfst ruhig und bist gut versorgt. Als ich mich zu dir beugte, wurdest du wach. Ich erzählte dir alles und nichts. Alles, was mir so einfiel. Wir hörten Musik. Cremte dich ein, wusch dich etwas und kämmte dich. Beschäftigungstherapie wohl. Aber ich wollte auch, dass es dir gut ging. Ich wusste, dass es dir wichtig ist.

Du hustest heute fast gar nicht mehr. Wie beruhigend. Du bewegst dich heute mehr. Du hältst meine Hand. Auch die Schwester bemerkte das und meinte auch, dass du wacher bist. Sie ist sich auch sicher, dass du etwas mitbekommst. Also rede und rede ich, höre gar nicht wieder auf zu reden.

Ich musste heute früher los, da ich noch viel arbeiten musste. Morgen ist Nikolaus und ich musste noch etwas für mein Team besorgen und vorbereiten. Das wollte ich mir auf keinen Fall entgehen lassen. Gerade jetzt ist es wichtig fürs Team, dass ich sie nicht vergesse.

Dienstag, 06.12.

Heute ist Nikolaus. Ich habe fürs Team etwas mitgebracht. Zwei meiner Mitarbeiterinnen waren da. Es war eine komische Stimmung. Dienstlich. Aber dann lagen wir uns in den Armen und weinten alle drei los. Ich erzählte und beide hörten mir zu. Sie haben am Wochenende die Garderobe im Elebereich mit unserem Hausmeister neu gemacht. Es ist großartig geworden und ich habe mich sehr gefreut. Ich erlebe, dass in beiden Einrichtungen alles gut läuft. Auch ohne mich.

Ich bin stolz auf mein Team. Es beruhigt mich sehr. Für Mirco und Püppi habe ich etwas ans Auto gehängt. Marvin wohnt noch in Lübeck, da ging es leider nicht. Aber ich werde ihn anrufen.

Marion, meine Reinigungsperle, war heute das erste Mal wieder da. Wir redeten und sie hat mir Pralinen mitgebracht.

Bei dir angekommen, hast du geschlafen. Du warst rasiert, frisch rasiert und gewaschen. Du sahst gut aus.

Ich erzählte dir wieder vom Tag. Lars hat endlich den Kredit fürs Haus bewilligt bekommen. Du hustest plötzlich sehr doll. Die Schwester kam und versorgte dich. Du hast einen sehr dollen Speichelfluss. Schnell sind alle Tücher immer wieder durchnässt. Die Schwester gibt dir ein Pflaster, damit es besser wird. Ansonsten nichts Neues. Du schläfst viel und ich schreibe dann. Ich werde morgen ein Radio und einen Igelball mitbringen. Dann können wir Musik hören und du deine Hand mit dem Igelball lockern.

Mittwoch, 07.12.

Dein Husten ist heute etwas besser. Aber der Schleim wird nicht weniger. Du hast große Probleme, den Schleim abzuhusten. Die Schwestern und Pfleger berichten mir, dass sie bei dir auch Fortschritte erkennen. Auch der Arzt teilte diese Ansicht. Du sollst nun doch in eine Früh Reha. Sie suchen schon einen Platz für dich. Du kannst aber erst einmal die nächsten zwei Wochen auf der Station bleiben. Ich merkte an, dass Bad Segeberg eventuell infrage kommen könnte. Da warst du schon vor zwei Jahren, als du deinen Schlaganfall hattest. Sie kennen dich dort und du hast dich dort wohlgefühlt.

Ich bin gespannt und fahre heute mit guten Gefühlen nachhause.

Zu Hause verläuft der Abend wie immer. Kaffee, Barni, Kaffee, etwas Essen und ab aufs Sofa. Meist schlafe ich dann sofort ein.

Telefoniere noch mit Volker und wünsche ihm alles Gute für die OP am nächsten Tag.

Ich schlafe ein und irgendwann wache ich auf. Schrecke auf und suche sofort mein Handy. Ich habe immer Angst, dass ich einen Anruf vom Krankenhaus verpasse. Werde aber nicht richtig wach und schlafe immer wieder ein.

Donnerstag, 08.12.

Heute liegst du schon drei Wochen hier im Krankenhaus. Vor zwei Wochen die Schocknachricht, du wirst die Nacht nicht überleben und ich solle Abschied von dir nehmen. Es war so furchtbar. Es ist auch nach so langer Zeit immer noch furchtbar und ein Trauma für mich.

Du hältst nun aber schon drei Wochen durch. Ich weiß nicht, wie du das schaffst. Woher hast du die Kraft, den Willen?

Niemand weiß das und kann das erklären. Du bist ein Kämpfer, ein Sturkopf.

Obwohl ich gut und viel geschlafen habe, bin ich müde. Habe Kopfschmerzen. Alles tut mir weh. Aber das ist nichts gegen meine Herzschmerzen. Ich bin so traurig, mein Körper so müde.

Die tägliche Angst, die Sorgen, das tägliche Hoffen und Bangen. Ständig das Auf und Ab und immer die Frage: „Mache ich alles richtig?"

Wie wird die Zukunft? Können wir das schaffen? Und wie? Ich grübele so viel. Was ist, wenn du ein schwerer Pflegefall bleibst? Können wir das zu Hause schaffen? Allein? Mit Hilfe? Wer soll und kann uns helfen?

Tausend Gedanken. Aber ich muss mir in alle Richtungen Gedanken machen. Ich muss für alles vorbereitet sein.

Ich muss heute unsere Ringe abholen. Sie haben angerufen. Ich kann sie nicht zurückgeben. Sie sind eine Sonderanfertigung für uns. Ich habe Angst davor. Es wird sicher schwer sein. Ich werde mich nur kurz dort aufhalten und schnell gehen.

Was mache ich mit diesen Ringen? Uta meint, anstecken. Wir sind ein Paar und die Liebe bleibt. Aber ist das nicht auch furchtbar? Unsere Ringe für unsere Hochzeit, auf ein Leben lang! Ist es richtig? Ich weiß es nicht. Die Zeit wird es zeigen.

Du schläfst viel. Aber du hustest auch viel. Ich mag dich gar nicht allein lassen. Die Schwestern haben viel zu tun und können nicht ständig bei dir bleiben. Was ist, wenn sie dich nicht hören, und du bekommst keine Luft mehr? Diese Vorstellung ist so furchtbar für mich.

Alle sind hier sehr bemüht, aber die Situation hier auf der Station ist sehr schwierig. Auf der Intensivstation war alles ganz anders. Alles sehr professionelle Ärzte, die ehrlich zu uns waren.

Hier ist alles nicht so gut. Es ist schwer, mit einem Arzt zu sprechen, die Schwestern sind völlig überarbeitet. Die Sauberkeit lässt zu wünschen übrig. Wenn wir als Angehörige uns nicht um alles kümmern würden, möchte ich mir gar nicht ausmalen, was passieren würde. Ich entschloss, mich bei der Geschäftsleitung zu beschweren. Ich habe eine Mail geschrieben und um ein Gespräch gebeten.

Zu dieser Zeit war Ute, die Schwester von Uwe, eine große Hilfe. Sie kam nach ihrer Arbeit täglich zu dir. So konnte ich beruhigt gehen. Sie bleib meist viele Stunden und war für dich da. Sie hat dir Bücher vorgelesen. Ich war Ute so dankbar. DANKE Ute.

Das Gespräch mit der Geschäftsleitung verlief sehr angenehm. Man hörte mir zu und verstand mich gut, denke ich. Also, das Gefühl hatte ich schon. Man versprach sich darum zu kümmern. Das war ok für mich und ich war gespannt, was nun passierte.

Freitag, 09.12.

Ich habe die Ringe abgeholt. Es war schwer, aber die Verkäufer waren sehr lieb und einfühlsam. Bin langsam über den Weihnachtsmarkt zur Bahn. Aber alles ging irgendwie an mir vorbei. Bin auch noch in eine Demo gekommen. Also heute alles doof.

Ich trage meinen Ring auf der linken Seite. Verlobt sind wir ja und werden das auch bleiben! Schade, dass du das nicht sehen kannst.

Du hast seit Tagen nicht abgeführt. Alle Mittel haben bis jetzt nicht geholfen. Dazu wird dein Husten immer schlimmer. Du quälst dich so, mir bricht es das Herz, dich so zu sehen. Ich kann nicht helfen, nur für dich da sein.

Heute ist die Versorgung wieder sehr schlecht. Es dauert vier Stunden, bis endlich mal jemand kommt. Ich verlangte, einen Arzt zu sprechen. Auch der erklärte ich die schlimme Situation gerade auf Station. Aber er teilte auch meine Meinung, dass öfter jemand zu dir kommen muss, und versprach, eine Lösung zu finden.

Danach kamen die Schwestern und Pfleger tatsächlich öfter.

In der letzten Zeit kommen weniger zu Besuch. Auch die Anrufe werden weniger. Warum? Ist es für alle zu schwer? Zu viel? Haben sie schon Abschied genommen? Hat man dich vergessen? Ich will das nicht glauben. Bin etwas traurig darüber und enttäuscht. Aber es ist kurz vor Weihnachten. Alle sind im Weihnachtsstress. Ich versuche, das zu verstehen. Ich fühle mich zu dieser Zeit oft allein. Nicht einfach. Aber Uwe, wir schaffen das!

Samstag, 10.12.

Du hattest heute Fieber 38,2 Grad. Das Bett war durchgeschwitzt. Dein Husten war weiter schlimm. Angeblich hattest du morgens kein Fieber. Es kam auch schnell die Ärztin. Hörte dich ab. Aber so weit war alles in Ordnung. Keine Lungenentzündung oder Ähnliches. Du bekommst Paracetamol. Wieder neue Ängste und Hoffnung.

Sonntag, 11.12.

Heute ist schon der dritte Advent. Alles geht irgendwie an mir vorbei. Meine Nachbarin fragt immer wieder nach, wie es dir geht. Sie ist sehr interessiert. Sie bietet immer ihre Hilfe an. Ich kann auch gerne immer rüber zu ihnen kommen, auf ein Glas Wein oder so.

Ich finde das so nett und freue mich. Auch meine Nachbarin Rosi kommt und erzählt mir, dass sie traurig sei. Ihr Mann Alfred ist heute vor zwei Monaten verstorben. Wir weinen beide.

Ich gehe endlich mal wieder lange mit Barni spazieren. Das tat uns beiden gut.

Bei dir angekommen, schläfst du. Aber ich sehe auch sofort, dass deine Magensonde raus ist. Was ist passiert? Wurde sie entfernt? Oder ist sie beim Husten herausgeflogen? Hast du sie dir selbst herausgezogen?

Die HNO-Ärztin ist informiert und legt dir eine neue Sonde. Die Schwestern hatten es vergeblich versucht. Du hast dich sehr gewehrt. Aber gemeinsam haben sie es geschafft.

Montag, 12.12.

Du wirst täglich unruhiger, aktiver.

Auch heute versuchst du, dir die Magensonde und deinen Tracho herauszuziehen. Das ist gefährlich. Nun hast du Handschuhe bekommen. Aber auch die versuchst du immer wieder auszuziehen.

Ich habe auch alle Mühe, dich zur Ruhe zu bringen. Ich frage nach, wann du Flüssigkeit bekommst. Wir warten auf Anweisung vom Arzt. Die Schwestern bemühen sich wirklich und verstehen auch nicht, warum du keine Flüssigkeit bekommst.

Mittlerweile hast du schon zwei Tage und drei Nächte nichts zu essen bekommen und noch schlimmer keine Flüssigkeit. Ich bin nun wirklich verärgert und mache mir große Sorgen.

Ich habe keine Ruhe und kann einfach nicht nach Hause fahren. Endlich bekommst du Elektrolyte über deinen Zugang.

Ich verlange, einen Arzt zu sprechen.

Ich soll nach draußen kommen. Der Arzt möchte nicht ins Zimmer kommen. Wovor hat er Angst?

Der Arzt meint, es wäre nicht so schlimm, wenn du mal zwei Tage keine Nahrung und Flüssigkeiten bekommst. Ich verstehe nun gar nichts mehr. Wie bitte? Nun mache ich mir noch mehr Sorgen um dich und mag gar nicht nachhause fahren.

Bevor ich nachhause fahre, vergewissere ich mich, dass es dir gut geht. Dass du gut versorgt bist. Mir fällt es leichter, zu gehen, wenn du schläfst.

Ich telefoniere mit Volker. Erzähle ihm alles. Er ist immer sehr interessiert. Das tut mir gut. Auch Mondry, ein Freund von Uwe, hat angerufen. Ich teilte ihm mit, dass ich es schade finde, dass zurzeit kaum jemand Uwe besucht.

Uwe würde es sicher guttun, wenn er mitbekommt, dass seine Freunde ihn besuchen.

Mondry versteht, aber hat auch Bedenken, ob es für dich wirklich gut sei. Aber auch die Angst spielt sicher eine Rolle.

Ich verstehe natürlich ...

Dienstag, 13.12.

Wieder ein ereignisreicher Tag. Ich habe heute einen neuen Parkausweis bekommen. Das hilft ungemein.

Auf Nachfrage, ob es etwas Neues gibt, schüttelten alle auf der Station mit dem Kopf. Nichts ist bis jetzt passiert. Alle sehen betroffen aus.

Ich verlange mal wieder einen Arzt.

Mittlerweile drei Tage und vier Nächte ohne Nahrung. Nur Elektrolyte.

Nun kommt ein Pfleger ins Zimmer und will die eine Sonde legen. Ich kann es nicht glauben und lehne das ab.

Die Ärztin war nett. Ich erklärte ihr meinen Unmut und meine Angst. An dem Team auf der Station liegt es nicht. Alle geben sich große Mühe. Das System hier auf Station stimmt meiner Meinung nach nicht.

Auch sie erklärte mir, dass sie mich gut verstehen kann und will sich um Besserung kümmern.

Du sollst auch unbedingt in die Früh Reha. Sie will sich kümmern. Aber hier im Haus wäre kein Platz frei.

Es scheint endlich etwas zu passieren. Schade, dass man sich erst beschweren muss, ja sogar drohen muss. Aber ist mir ja nicht mehr so fremd.

Du bist sehr aktiv im Bett. Dein Husten wird endlich besser. Du versuchst immer, deine Schläuche und alles andere herauszuziehen. Schwer, dich davon abzuhalten. Aber du wirst ruhiger und schläfst ein.

Mittwoch, 14.12.

Ich muss dringend einkaufen. Nichts ist mehr da. Weihnachten ist auch in ein paar Tagen, Marvin wünscht sich einen Tannenbaum. Hm, mal schauen, ich überlege mir das. Aber Weihnachten ohne einen Tannenbaum?

Feiern ohne Uwe, in dieser Situation?

Im Krankenhaus angekommen, gibt es nichts Neues.

Eine Schwester saugt dir gerade Schleim ab. Danach atmest du ruhiger.

Ich habe mich heute mit der Patientenberatung in Verbindung gesetzt. Sie wollen helfen. Überlege, was ich noch machen könnte, um deine Situation zu verbessern. Ob ich alle Reha Krankenhäuser selbst anrufen soll?

Ich warte noch einmal bis morgen ab.

Heute ist bei der Schlaganfallgruppe Weihnachtsfeier. Ich war auch eingeladen. Aber da ich sehr lange durch die Stadt gebraucht habe, habe ich es nicht mehr geschafft.

Donnerstag, 15.12.

Heute soll endlich eine PEG gelegt werden. So wäre es einfacher, dich zu ernähren. Aber auch heute passierte nichts. Ich war nun so verärgert, dass ich laut wurde. Mir reichte das. Teilte mit, wenn nicht heute etwas passiert, werde ich Anzeige wegen unterlassener Hilfeleistung machen.

Es dauerte nun nicht lange und es ging los. Du bekamst endlich eine PEG.

Ich wartete im Café. Dann kam ein Anruf aus dem OP. Ich sollte schnell kommen, sie benötigen noch dringend eine Unterschrift!

Das kann nicht wahr sein!? Aber doch, es war wahr.

Nach fast einer Woche hattest du nun endlich eine PEG.

Du hast von der OP fest geschlafen und so fuhr ich nachhause.

In einer Woche ist tatsächlich Weihnachten. Auch wenn es mir schwerfällt, Weihnachten zu feiern, musste ich nun doch endlich mal Vorbereitungen treffen.

Marvin kann sich nicht vorstellen, nicht zu feiern. Ich besorge für jeden ein paar kleine Geschenke.

Heute sollte eigentlich der Kaufvertrag für das Haus unterschrieben werden. Aber es wurde verschoben, da noch Details fehlten.

Nun wird es wohl erst im neuen Jahr so weit sein.

Ich hoffe weiter auf einen Früh-Reha-Platz. Da ich denke, dass von der Klinik aus nichts passiert, nehme ich mir vor, morgen alle Rehakliniken anzurufen.

Freitag, 16.12.

Wie jeden Tag gehe ich immer zuerst zu den Schwestern, um zu fragen, ob es etwas Neues gibt. Wie immer, nur ein Kopfschütteln.

Den Eingriff gestern hast du gut überstanden. Du hast dir allerdings deine Luftröhrenkanüle herausgerissen. Du blutest und auch das ist sehr gefährlich. Sie haben dich nun angeschnallt. Ich verstehe nicht. Ich habe doch gerade nachgefragt, ob es etwas Neues gibt! Ist das etwa nichts Neues?

Ein Arzt will mit mir sprechen. Ich bin sicher schon das Schreckensmonster der Station.

Das Gespräch mit dem Arzt fand schnell statt. Er teilte mir mit, dass ich mehr Verständnis für die Situation auf Station haben müsste. Uwe wäre nun mal nicht allein. Ja, das verstand ich natürlich. Das teile ich auch immer mit. Es liegt nicht an den Schwestern und Pflegern. Das System stimmt hier einfach nicht.

Auch ich wäre selbstständig, habe Verantwortung und muss handeln, wenn etwas nicht richtig läuft. Ich erklärte noch einmal, was alles in diesem einen Monat seit du hier bist, passiert ist bzw. nicht passiert ist. Das kann so nicht richtig sein. Ich bin sicher schwierig, aber mir geht es um die Gesundheit, um die Situation von dir. Auch für die anderen und weiteren Patienten kämpfe ich.

Als Angehörige hat man plötzlich ein anderes Leben. Alles ist plötzlich anders. Ängste plagen einen. Unbeantwortete Fragen quälen einen. Man möchte nur das Beste für den Patienten. Es muss eine Möglichkeit geben, damit besser umzugehen. Mehr Personal? Beschwerdemanagement?

Ich teilte auch mit, dass ich nicht möchte, dass du angebunden wirst. Das wäre Freiheitsberaubung und nicht erlaubt. Ich verstehe ja, dass es schwierig ist, wenn du dir alles herausreißt, ist es gefährlich und es müssen Maßnahmen gemacht werden, um dich zu schützen. Ich verstehe auch das. Wir verabreden, dass Uwe an der linken Hand angebunden wird, wenn niemand im Zimmer ist. Kommt Besuch, wird er abgemacht.

Damit konnten wir beide umgehen.

Du bist so aktiv, dass du so k.o. bist und viel schläfst.

So fahre ich nachhause.

Sonntag, 17.12.

Vieles muss ich heute erledigen. Wohnung, Arbeit, Auto waschen, Einkaufen, Geschenke, Tannenbaum.

Marvin möchte unbedingt einen Tannenbaum und nun besorge ich einen. Ohne wäre ja auch nicht so schön.

Ich war heute spät bei dir. Bine und Volker waren schon bei dir. Haben dich rasiert, gewaschen und eingecremt.

Wir haben viel zu erzählen. Bine hat ein neues Auto und wir lachen sogar.

Irgendwann hast du schlimm angefangen zu husten. Wir klingelten und eine Schwester kam. Sie war unfreundlich und machte uns darauf aufmerksam, dass wir einen Mundschutz tragen sollen. Sie hatte ja recht und wir legten einen Mundschutz an.

Sie erklärte die Situation auf der Station. Schnell merkten wir, dass sie sehr krank sein muss. Aber ihr blieb keine Wahl, sie musste arbeiten, es wäre sonst keiner mehr da.

Das tat uns leid und schämten uns fast, so nervig zu sein.

Wir fuhren nachhause. Mit den Gedanken an die Situation und Uwe versuchte ich, einzuschlafen. Gelang mir nicht. Nahm eine Baldriantablette und schlief irgendwann ein.

Sonntag, 18.12.

Ich habe nicht gut geschlafen, trotz der Baldriantabletten.

Erledige meine Arbeiten, gehe mit Barni, packe Geschenke für die Angestellten ein. Fahre heute mal nicht zu Uwe. Bereite mich auf die Teamsitzung morgen vor, die letzte dieses Jahr.

Dienstag, 20.12.

Ich war heute erst gegen 13 Uhr bei dir. Volker wollte heute auch mit deiner Mama kommen.

Heute aber auch eine große Überraschung. Sie haben zwei Rehaeinrichtungen für dich gefunden. Harburg und Plau am See.

Aber wohin geben wir dich? Harburg wäre für mich natürlich besser. Zufällig habe ich ein Gespräch im Flur mitangehört.

Eine Frau kannte beide Einrichtungen und empfahl mir unbedingt die Einrichtung Plau am See. Ich war total aufgeregt. Ich konnte es gar nicht glauben. Es kann weiter gehen. Ich habe neue Hoffnung. Schon morgen sollst du verlegt werden. Ich war erleichtert. Weinte vor Freude und fuhr glücklich nachhause.

Mittwoch, 21.12.

Heute ist ein großer Tag. Die Klinik teilte mir mit, dass du so gegen 10 Uhr abgeholt wirst und ca. 14 Uhr in der Reha Plau am See sein solltest.

Ich fuhr so los, dass ich pünktlich um 14 Uhr ankomme. Gegen 16 Uhr bist du angekommen. Große Erleichterung. Alles ist gut gegangen. Sie haben dich etwas sediert und so hast du wenig mitbekommen.

Alle auf der Station waren sehr nett und haben uns freundlich empfangen. Du wurdest erst einmal aufgenommen und das Nötigste wurde veranlasst. Der zuständige Arzt hat sich für mich Zeit genommen und mit mir seine ersten Eindrücke geteilt. Der Professor war aber auch skeptisch und ehrlich mit mir. Nach Einsicht der Unterlagen von Uwe konnte und wollte er mir nicht viel versprechen. Aber wie auch, ich verstand ja. Aber er meinte auch, dass er dachte, dass du in viel schlechterer Verfassung warst. Nachdem, was die Klinik beschrieben hatte. Ist das nun ein gutes Zeichen? Hm … aber man hält sich an jeden noch so kleinen Strohhalm.

Weitere Untersuchungen werden in den nächsten Tagen folgen.

Ein weiteres Gespräch mit dem Professor, er erklärte mir, dass bei Stammhirnblutungen wenig Hoffnung besteht, eigentlich keine! Aber du scheinst alle eines Besseren zu belehren, ein Wunder.

Es kann sein, dass das Blut absorbiert ist, und das würde eine Entlastung bringen. Er teilte mir mehrere Möglichkeiten mit, warum es dir doch besser geht als gedacht. Sehr fachlich, aber er gibt sich Mühe, dass ich etwas verstehe.

Du bekommst sechs Wochen Zeit. Du bekommst alle Maßnahmen und alles an Reha, was du bekommen kannst. Danach sehen wir, ob eine weitere Besserung zu sehen ist. Wenn ja, dann wirst du weiter therapiert, wenn nicht, dann werden wir sehen. Was soll mit dir dann passieren? Tausend Gedanken in meinem Kopf.

Musst du in eine Pflegeeinrichtung? Kann ich dich zu Hause pflegen? Wie?

Ich bin beeindruckt von den netten und offenen Gesprächen. Es tut mir gut. Ich fühle mich und auch Uwe gut aufgehoben.

Ich bleibe noch und fahre am Abend nachhause. Ich komme ganz bestimmt morgen wieder.

Ich fahre nun jedes Mal ca. zwei bis drei Stunden zu dir. Aber das ist mir egal.

Donnerstag, 22.12.

Ich bin ganz aufgeregt und gespannt, wie und was passiert heute?

Ich fahre fast zwei Stunden zu dir. Ich bin gut durchgekommen. Im Auto habe ich viele Gedanken.

Ich werde wieder sehr nett in Empfang genommen. Für deine Verhältnisse scheint alles gut zu sein.

Du scheinst noch sehr müde vom Transport zu sein. Aber als du mich siehst, lächelst du! Ich kann es nicht fassen. So schöööön.

Auch ein Therapieplan hängt schon bei dir im Zimmer.

Um 7 Uhr Physio, 8 Uhr Logopädie und um 14 Uhr Ergotherapie und Psychologie. Alles soll langsam anlaufen. Gefördert aber nicht überfordert werden. Ich bin begeistert. Seitdem du im Krankenhaus bist, ist es das erste Mal, dass du gefördert wirst.

Auch weitere Untersuchungen wie MRTs werden durchgeführt. Ich bin etwas erleichtert.

Ich fuhr gegen 17 Uhr zurück. Barni wartete und ich war ziemlich k. o. Weihnachten steht vor der Tür und mein Sohn Marvin kommt heute. Ich freue mich sehr auf ihn. Wir haben uns lange nicht gesehen. Als ich zu Hause ankam, war er schon da und empfing mich mit einem Kaffee. Wir redeten viel. Und es war so gut, dass er da war und ich nicht allein. Ich weinte, was ich eigentlich nie vor meinen Kindern wollte. Aber es ging nicht mehr anders. Marvin nahm mich im Arm. Es tat gut.

Freitag, 23.12.

Heute musste ich nach Wilhelmsburg in die Kita. Wir feierten mit den Kindern und dem Team eine kleine Weihnachtsfeier.

Es war chaotisch, aber die Kinder hatten Spaß und freuten sich.

Ich konnte nicht lange bleiben. Alle hatten Verständnis und wünschten mir alles Liebe.

Ich musste noch einkaufen, vieles erledigen. In Gedanken war ich bei dir. Ich wusste, alle kümmern sich rührend um dich und dir geht es so weit gut.

Am Abend habe ich mit Marvin den Baum geschmückt. Geschenke eingepackt, alles soweit für Heiligabend vorbereitet. Dann habe ich mit Marvin noch gekocht und gemütlich etwas gegessen.

Samstag, 24.12.

Heute ist Heiligabend. Leider ohne dich. So traurig.

Ich habe mit Marvin gut gefrühstückt. Es tut so gut, dass Marvin bei mir ist. Wegen der schwierigen Lage findet Heiligabend bei Tante Jadranka statt. Es war gemütlich und wir tranken Kaffee und machten Schrottwichteln. Am Abend gab es noch ein leckeres Weihnachtsessen. Irgendwie gemütlich, aber irgendwie waren wir alle sehr angeschlagen. Alle waren müde. Wir fuhren gegen 21 Uhr nachhause. Das war Heiligabend, ohne dich.

Sonntag, 25.12.

Heute ist der erste Weihnachtstag. Marvin fuhr mit Mirco zu Janine, ihrer Stiefschwester. Ich fuhr endlich wieder zu dir. Ich war zwei Tage nicht bei dir. Das war schwer für mich. Nun freute ich mich, dich endlich wiederzusehen und war gespannt, wie es dir geht. Gestern waren Sabine und Volker bei dir. Du warst also nicht allein.

Du warst wach und freutest dich, als ich hereinkam. Ich habe erfahren, dass du schon seit zwei Tagen im Rollstuhl sitzt! Das ist eine so gute Nachricht. Bis jetzt alles gut und ich habe Hoffnung.

Ich fuhr am Nachmittag nachhause. Die Kinder wollten kommen und wollen Fondue machen. Das ist bei uns zu Weihnachten ein Ritual. Es gibt am Abend im Fernsehen ein Helene Fischer Konzert. Das sehen wir uns gemeinsam an.

Dienstag, 27.12.

Ich fuhr zu dir und blieb bis Donnerstag. Ich nahm mir ein Zimmer gegenüber von der Klinik. Daher war es für mich etwas entspannter.

Dir ging es weiter gut und du hast weiter Fortschritte gemacht. Die Therapien schlugen gut an und bekamen dir gut.

Täglich bist du ein paar Stunden im Rollstuhl. Die Ergotherapeutin setzt dich täglich im Bett hin. Die Lin Methode. Du bist dann total entspannt. Einfach großartig. Ich war auch entspannt, brauchte heute ja nicht mehr zu fahren.

Mittwoch, 28.12.

Nun bist du schon eine Woche in der Rehaklinik. Ich habe ein gutes Gefühl. Aber konnte wieder alles gut werden? Wenn ich ehrlich bin, wusste ich natürlich, dass die Wahrheit anders sein wird. Aber man will einfach nicht aufgeben. Man klammert sich an jede Kleinigkeit. Aufgeben ist keine Option. Aber ich musste immer mit Rückschlägen rechnen. Ich habe auch die Gedanken, wie weit darf man gehen. Wo ist die Grenze. Sag' ich doch immer, lieben heißt auch loslassen. Aber diese Gedanken schiebe ich weit weg. Ich holte mir auch von meinem Arzt Ratschläge. Er nahm sich auch immer Zeit für mich und war eine wichtige Person in der Zeit für mich. Er machte sich Sorgen um mich.

Man erzählte mir, dass eventuell am Montag dein Tubus herausgenommen wird. Eine so gute Nachricht.

Du isst mittlerweile mit dem Löffel etwas Joghurt und trinkst kleine Schlucke.

Die Ergotherapeutin meinte, vor einer Woche war sie sehr skeptisch, aber nun bist du ihr Favorit-Patient von der Station. Ich muss lachen und weinen. Es ist ein Wunder. Ich blieb lange, wir schauten Fernsehen. Ich erzählte dir viel, alles, was mir einfiel. Du warst lange wach und lächelst immer wieder.

Im Hotel habe ich Abendbrot gegessen und bin müde ins Bett. Ich war so müde, dass ich sofort eingeschlafen bin.

Donnerstag, 29.12.

Nach dem Frühstück checke ich aus und gehe zu dir. Heute muss ich aber auch wieder mal nachhause. Aber erst einmal gehe ich zu dir. Du sitzt im Rollstuhl, lachst, als ich gekommen bin. Du bist aber auch sehr müde heute und schläfst immer ein. Wir brachten dich ins Bett. Heute kamen Elvira und Michael. Was für eine Überraschung. Deine besten Freunde. Du hast dich so gefreut.

Elvira war sehr ergriffen und hielt die ganze Zeit deine Hand.

Elvira hat viel von allen erzählt. Auch, dass Andre leider wieder eine Kopf-OP hatte. Aber es geht ihm wieder besser. Andre kämpft seit vielen Jahren mit einem Tumor im Kopf.

Erst spät fuhr ich nachhause.

Am Freitag, dem 30.12., konnte ich nicht zu dir. Ich musste mal wieder in die Kita und in den Froschteich. Noch ist alles gut. Aber nächste Woche muss ich sehen. Zwei der Mitarbeiterin sind krankgeschrieben. Eventuell muss ich dann in die Gruppen und mitarbeiten. Dann muss ich echt jonglieren.

Samstag, 31.12.

Heute ist Silvester. Viele Gedanken hat man an so einem Tag. Wie war das Jahr, wie wird das neue Jahr?

Jedes Jahr denkt man sich, nächstes Jahr wird es sicher besser.

Ja, das denke ich auch. Aber was bringt das neue Jahr?

Ich fahre heute nicht zu dir. Da wir uns mit der Familie und Freunden absprechen und abwechseln dich zu besuchen, kann ich heute zu Hause bleiben.

Ich war allein und blieb auch den ganzen Tag alleine. Ich hatte viel zu tun. Viel bleibt liegen und an solchen Tagen hole ich möglichst alles auf. Ich schlief etwas und sah Fernsehen.

Um Mitternacht ging ich nach draußen und wir haben mit den Nachbarn auf das neue Jahr angestoßen.

Die nächsten Tage ging es auf und ab. Du machst weiter Fortschritte, kleine, aber wir freuen uns.

Zwischendurch hattest du Fieber. Aber mit einem Antibiotikum warst du schnell wieder gesund.

Wenn ich mal nicht zu dir kann, rufe ich immer auf der Station an und lasse mir berichten, wie es dir geht.

Es gibt Tage, da ist es schwieriger zu dir zu kommen. Der Winter macht es schwer. Die Straßen sind verschneit und glatt. Aber ich möchte unbedingt zu dir. Daher nehme ich die Schwierigkeiten in Kauf.

Donnerstag, 05.01.

Heute bin ich mal wieder bei dir. Du hattest eine Lungenentzündung. Das war schlimm, aber du hast dich wieder erholt. Aber es hat dich wieder etwas zurückgeworfen. Das sei wohl aber normal.

Ich bemerke aber, dass deine Mimik besser geworden ist. Du lächelst, als du mich gesehen hast. Deine Haare wurden geschnitten. Sieht gut aus und es war auch dringend nötig.

Ich erzähle dir, was alles so passiert ist. Sehen uns Bilder an. Ich habe dein Zimmer mit vielen Bildern bestückt. Von der Familie, von Freunden von uns und aus deinem Leben. Alles, was ich so gefunden habe. Wir hören Musik. Du magst Musik. Dein Lieblingssänger ist JJ Cale und du magst Jessen und Mälzer, ich auch. Wir hören auch die Musik von Carina. Sehen im Fernseher Sendungen.

Ich versuche, dir möglichst viele Anregungen zu geben.

Dienstag, 10.01.

Ich konnte einige Tage nicht zu dir. Beide Autos waren kaputt und mussten in die Werkstatt. Aber Sabine und Volker waren bei dir. Alles war ok bei dir.

Nun war ich bei dir. Du lächelst und man sah deutlich, du freust dich, dass ich da bin.

Du warst unruhig. Ich sah schnell, warum. Du wolltest mir was sagen, zeigen. Deine Beatmungskanüle war weg. Nur noch ein Notventil. Ein gutes Zeichen und ich freute mich.

Ich erzähle Uwe, dass ich heute zum Brink fahre. Das sind Uwes Freunde aus der Schulzeit. Jeden Dienstag treffen sie sich und verbringen Zeit miteinander. Ich möchte sie über deinen Zustand informieren. Da auch ein anderer Freund aus der Runde schwer erkrankt ist, sind sie alle auch niedergeschlagen und haben wenig Zeit zu dir zukommen.

Als du eingeschlafen bist, bin ich losgefahren.

Donnerstag, 12.01.

Als ich heute zu dir gefahren bin, wusste ich nicht, dass es ein schwerer Tag wird.

Du hattest heute viele Untersuchungen. Auch ein MRT.

Der zuständige Arzt wollte mit mir ein Gespräch. Er zeigte mir die Aufnahmen und erklärte mir alles. Man sah viele Einblutungen. Alte und wohl auch neue. Sein Stammhirn ist stark betroffen. Ja, das wussten wir. Aber es war noch schlimmer, als ich dachte.

Es habe sich in den Hohlräumen Lymphe (Wasser) gebildet. Man könnte einen künstlichen Ausgang machen. Das kannte ich noch von meiner Mutter. Also eine OP ...

Der Arzt teilte mir auch mit, dass du zwar Fortschritte machst, aber du immer ein Pflegefall sein wirst. Es ist auch ein Wunder, welche Fortschritte du machst. Wir müssen uns langsam überlegen, wie es mit dir weitergehen kann. Du bist ein guter Reha-Patient und wirst auch weiter alles bekommen, was du brauchst. Aber wir müssen abwarten, wie es mit dir weitergeht. Aber ich muss mir nun überlegen, wie geht es weiter?

Ich kann nicht mehr, bin völlig fertig und weine furchtbar. Der Arzt versucht, mich zu beruhigen. Er sagt, dass ich alles richtig gemacht habe. Genauso hätte er auch entschieden und alles so gemacht. Er könne mich gut verstehen. Mein Kopf weiß das auch, aber mein Herz ist so schwer.

Man sollte nicht immer der Natur ins Handwerk greifen. Aber die Fortschritte zeigen auch, dass Uwe stark ist und leben will. Ich fahre völlig fertig nachhause. Viele Tränen. Ich brach zusammen und konnte die ganze Nacht nicht zur Ruhe kommen. Am Morgen war ich zu nichts in der Lage. Ich hatte Angst und alles tat weh. Ich fuhr zu meinem Arzt. Er hört mir geduldig zu. Er macht sich große Sorgen um mich. Aber helfen kann er mir auch nicht. Aber doch ein wenig. Er hat mir zugehört und versteht mich. Er gibt mir eine Vitamin-B12-Spritze, die soll mir etwas helfen. Ich bekomme in den nächsten Tagen noch weitere Spritzen.

Ich habe noch mehrere Arzttermine.

Freitag, 13.01.
Heute kommen Freunde zu dir. Andre hat seine Kopf-OPs gut überstanden. Es war ihm wichtig, dich zu besuchen. Für deine Freunde und Andre war es schwer. Wir telefonierten später. Am Wochenende waren auch Sabine und Volker und Lars bei dir. So konnte ich zu Hause bleiben.

Dienstag, 18.01.
Ich werde für ein paar Tage bei dir bleiben und habe mir wieder ein Zimmer in der gegenüberliegenden Pension genommen.

So kann ich auch morgens dabei sein, wenn du deine Therapien hast. Ich möchte lernen, damit ich auch mit dir gemeinsam die Übungen machen kann. Deine Luftröhrenkanüle ist nun ganz raus. Du isst immer besser, auch wenn dir nicht alles schmeckt. Auch der Toilettengang wird geübt. Klappt noch nicht so gut.

Heute sind Carina und Christiane (Uwes Exfrau) gekommen. Carina war rührend zu dir. Du hast beide erkannt. Wir unterhielten uns und wir lachten auch. Die Psychologin sprach mit uns. Wir sollen dir ganz viel Anregungen geben. Lesen, Musik hören, Fotos ansehen und alles, was uns einfällt und dir gefällt. Wir erfuhren, dass die Therapeutin bei dir Gitarre spielt. Du wirst ganz ruhig und es gefällt dir. Da ich für ein paar Tage bleibe, habe ich Zeit. Ich genieße es. Aber um 18 Uhr gehe ich. Du schläfst. Immer öfter wirst du in den Rollstuhl gesetzt. Leider dürfen wir aber nur im Zimmer bleiben. Du sollst dich nicht bei den anderen Patienten anstecken. Das wäre nicht gut. Du isst leider immer noch zu wenig. Ich glaube, weil du zu müde bist. Das Sitzen im Stuhl und die Therapien sind anstrengend. Ich bespreche das mit den Schwestern. Nun sollst du nicht mehr so lange im Stuhl sitzen. Wir schauen mal. Ich war nun vier Tage bei dir. Heute muss ich nun nachhause. Ich habe am Wochenende Geburtstag. Marvin kommt und ich habe einiges mit den Vorbereitungen zu tun. Am Wochenende kommt dein Freund Bernd aus Schwerin und Familie. Da bin ich immer beruhigt, wenn ich weiß, dass du Besuch bekommst.

Die nächsten Tage verlaufen wie die vielen anderen Tage auch. Ich komme zu dir. Manchmal bist du müde und manchmal bist du gut gelaunt und wir lachen viel. Aber wir weinen auch gemeinsam.

Es gibt Tage, da bist du sehr emotional. Ich habe oft das Gefühl, dass du mir etwas mitteilen möchtest. Ich ahne was. Ich spreche das offen an. Ich teile Uwe immer mit, dass er mir ein Zeichen geben soll, wenn er nicht mehr kann. Ich werde immer bei ihm sein. Immer unterstützen, egal wobei. Liebe heißt auch loslassen. Aber ich habe Angst. Vor diesem Tag habe ich Angst. Ich habe oft den Gedanken. Schmeiße ihn aber immer weit von mir.

In den nächsten Tagen kamen deine Freunde. Claus, Hübi und auch Rüdiger. Ich weiß, dass es nicht leicht für alle war. Aber sie sind meinem Wunsch nachgekommen. Das hat mich gefreut.

Als ich heute kam, freutest du dich sehr. Du umarmtest mich und beide lachten und weinten wir. Du hast gut getrunken und einen ganzen Joghurt gegessen. Du warst sehr wach und wir konnten gut kommunizieren. Mit Hand und Mimik, aber wir verstanden uns.

Die ganze Zeit hieltest du meine Hand. Das machte es mir schwer, zu gehen. Aber als du eingeschlafen bist, bin ich gegangen.

Freitag, 17.02.

Ich habe schon lange nicht mehr geschrieben. Es gab wenig Neues. Die Tage verliefen immer gleich.

Du bist auch immer wacher und mir fehlt dann die Zeit zum Schreiben.

Es ist dennoch einiges passiert. Es hieß, du müsstest nun in ein Pflegeheim. Ich wehre mich noch dagegen. Aber die Zeit geht hier zu Ende. Es ist schwer, nun eine passende Therapie oder Rehaeinrichtung für dich zu finden. Um dort zu bleiben, bist du schon zu weit. Aber für eine weitere Reha bist du nicht weit genug. Ich hätte gerne gehabt, dass du wieder nach Bad Segeberg kommst. Da warst du nach deinem ersten Schlaganfall. Wir waren da total zufrieden und du hast dich dort wohlgefühlt.

Um in die Früh Reha zu kommen, musst du bestimmte Anforderungen erfüllen. Aber dir fehlen 50 Punkte.

Da du schlecht schluckst und wohl auch Schmerzen hast, wird eine Bronchoskopie gemacht. Es wurde etwas im Hals entdeckt. Nun wird noch ein CT gemacht. Es muss ein Eingriff gemacht werden. Eventuell in einer Lungenklinik.

Aber nach drei Wochen ist noch nichts passiert.

Ich soll einen Therapieplatz für dich suchen. Ich versuche alles. Ich sehe mir persönlich Einrichtungen an. Von der Ostsee bis nach Lüneburg, quer durch die Bundesländer. Oft werde ich schon am Telefon abgewimmelt. Keine Plätze frei, lange Wartelisten. Für Uwe nicht möglich usw. Bei einigen Einrichtungen war ich auch nicht begeistert. Um nicht zu schreiben entsetzt. Es wird viel versprochen, aber vor Ort ist vieles anders. Ich bin verzweifelt.

Du wirst nun immer öfter ungehalten, unruhiger. Egal ob im Bett oder im Rollstuhl. Ich versteh' dich so sehr. Seit Monaten bist du nun hier im Zimmer. Ich frage, ob ich mit dir auch mal auf die Station gehen kann. Noch besser ganz nach draußen. Wir durften. Aber auf der Station war es nicht so leicht. Es waren einige sehr kranke Menschen, na klar. Aber ich glaube, dass das Uwe noch mehr runterzieht. Außerdem hieß es, Uwe hätte MRSA und sollte niemanden anstecken. Aber wir durften ganz raus. Ich zog dich warm an und wir gingen etwas nach draußen. Ich zeigte Uwe, den Bus, mit dem ich immer komme. Uwe lachte und erkannte seinen Bus.

An einem Tag habe ich dann sogar Barni, unseren Hund, mitgenommen. Als Uwe Barni sah, fing er an zu weinen. Eine Schwester von der Station sah es und sagte, dass sie es super findet. Barni war die ganze Zeit auf Uwes Schoß. Es war so verdammt rührend. Wieder viele Tränen.

Ich war weiter am Suchen, um für dich eine gute Rehaeinrichtung zu finden. Die Klinik macht weiter klar, dass du nicht mehr dortbleiben kannst.

Ich bin so verzweifelt. Ich überlege, ob ich selbst eine Einrichtung gründe. Aber die Zeit haben wir nicht. Ich würde Uwe ja auch nachhause holen, aber alle raten mir ab. Du brauchst 24 Stunden intensive Pflege.

Ich gebe nicht auf und suche weiter.

Ich überlege auch, ob ich eine Pflegerin zu uns nachhause hole. Eventuell mit einer Agentur aus dem Ausland. Aber auch das ist gar nicht so einfach und mit Hürden verbunden.

Aber in den nächsten Tagen muss eine Entscheidung getroffen werden.

Montag, 21.02.

Ich konnte vier Tage nicht bei dir sein. Ich hatte eine Magen-Darm-Infektion. Mir ging es wirklich nicht gut und ich wollte dich auch nicht anstecken.

Aber heute bin ich wieder bei dir. Du bist wach und lachst, als du mich gesehen hast. Heute scheinst du einen guten Tag zu haben. Die Klinik rief mich heute Morgen an. Du sollst heute endlich ein CT bekommen. Dafür muss ich unterschreiben.

Gemeinsam warteten wir darauf, dass es zum CT ging. Wir vertrieben uns die Zeit mit erzählen, Sprechübungen, Massagen, Übungen und Körperpflege.

Wir lachten heute viel. Ein guter Tag.

Du bekamst ein leichtes Beruhigungsmittel, damit du ruhig bleibst beim CT.

Als du wieder ins Zimmer gekommen bist, hast du geschlafen. Ich wartete auf das Gespräch mit dem Arzt und nutze die Gelegenheit, um mal wieder zu schreiben.

Die Ärzte und Schwestern erzählten mir, dass du sehr unruhig bist. Auch im Rollstuhl. Ich verstehe dich, denn du bist schon so lange hier im Zimmer. Die Tür immer zu. Sie sagen, du darfst nicht aus deinem Zimmer, da du MRSA hast. Daher bekommst du auch wenig Therapien. Nur die, die man in deinem Zimmer machen kann.

Es wird immer deutlicher, du musst hier raus.

Aber wohin? Ich habe immer noch keine Einrichtung für dich gefunden. Oft das gleiche Bild. Im Internet sieht alles toll aus. Aber vor Ort meist dasselbe Bild. Patienten liegen in ihren Betten. Befinden sich in Gruppenräumen in ihren Rollstühlen und es läuft der Fernseher. Auf meine Fragen, was und wie die Patienten gefördert werden, bekam ich meist tolle Antworten, über Therapien und Beschäftigungen für die Patienten. Aber ich habe eher nie dergleichen gesehen. Auch nicht zu unterschiedlichen Tageszeiten. Aber ich hoffe und wünschte mir, dass ich einfach immer zur falschen Zeit in den Einrichtungen war. Meine große Hoffnung. Oder habe ich falsche und zu große Erwartungen?

Gibt es wirklich keine vernünftige Einrichtung, wo Menschen wie Uwe eine Chance bekommen? Eine menschenwürdige Chance?

Ich bin verzweifelt. Was soll ich machen? Meine Nerven sind am Ende.

So vergingen die Tage.

Nun war es amtlich, ich hatte nur noch ein paar Tage Zeit, dann solltest du entlassen werden.

Ich hatte in Stockelsdorf bei Lübeck eine Einrichtung gefunden. Sie würden dich aufnehmen. Alle waren sehr nett. Ein schönes Haus. Du solltest ein großes Zimmer mit Balkon bekommen. Wir durften es auch so einrichten, wie wir es wollten. Dann war es so weit. Du wurdest mit dem Krankentransport nach Stockelsdorf gebracht. Biene, Volker und ich haben dich empfangen. Richteten das Zimmer gemütlich mit persönlichen Dingen von dir ein.

Du warst müde und machtest ein irritiertes und trauriges Gesicht. Obwohl ich dir die letzten Tage immer wieder erklärt habe, wie es weiter geht, verstandst du wohl nicht. Du hattest wohl gedacht, du kommst nachhause. Es zerbrach mir das Herz. Wir bleiben den ganzen Tag bei dir.

Am Abend, als du eingeschlafen bist, fuhren wir nachhause.

Ich war noch nicht lange zu Hause, als die Einrichtung mich anrief. Du wärest aus dem Bett gefallen! Aber es würde dir gut gehen.

Am nächsten Morgen fuhr ich zu dir. Du lagst im Bett und weintest. Was für ein trauriger Anblick. Du warst angebunden, das Gitter hoch und das Bett war nach ganz unten gefahren.

Ich rief sofort eine Schwester. Es dauerte ziemlich lange, bis jemand kam. Ich machte Uwe los und versorgte ihn. Ich wollte erklärt haben, was hier passierte. Du wurdest angeschnallt, weil du unruhig warst und auch aus dem Bett gefallen warst. Zu deinem eigenen Schutz sagte man mir. Dass aber das Anschnallen nicht erlaubt ist und eine Freiheitsberaubung ist, ignorierte man.

Ich war verärgert und machte deutlich, dass ich das nicht möchte.

Mithilfe eines Pflegers versorgten wir Uwe und setzten ihn in seinen Rollstuhl. Wir gingen auf den Balkon und genossen etwas die Sonne.

Wir verbrachten den ganzen Tag gemeinsam. Biene und Uwe kamen auch.

Am Abend verabschiedete ich mich. Uwe saß im Rollstuhl und ich schaltete den Fernseher an. Uwe weinte. Ich mit ...

Aber ich musste los. Ich war verzweifelt. Wie kann ich Uwe helfen? Bin ich wirklich nicht in der Lage, eine andere, bessere Lösung zu finden?

Ich war gerade zu Hause angekommen, da rief man mich an. Uwe sei aus seinem Rollstuhl gefallen! Aber es ginge Uwe gut. Früh am Morgen war ich bei Uwe. Uwe saß im Rollstuhl. Weinte und sein T-Shirt war völlig verdreckt. Sein Arm hing merkwürdig herunter. Ich nahm Uwe in den Arm und beide weinten wir. Ich bemerkte, dass Uwe Schmerzen haben musste. Ich zog ihm ein anderes Shirt an und sah, dass seine Schulter merkwürdig aussah und blau war. Ich rief sofort nach einem Pfleger/Arzt …

Angeblich wurde es nicht gesehen und man hatte keine Erklärung.

Ich bat um einen Arzt. Aber auch nach Stunden kam niemand. Ich rief einen Krankenwagen. Als ich die Situation schilderte, waren sogar die Sanitäter sprachlos.

Wir fuhren ins Krankenhaus. Uwe wurde untersucht und geröntgt.

Aber es war nichts gebrochen. Somit wurde Uwe wieder zurück in die Einrichtung gefahren. Ich bat darum, dass Uwe wenigstens eine Nacht bleiben konnte, damit ich die Situation klären konnte und Uwe etwas zur Ruhe kommt. Aber leider ging es nicht.

Somit musste Uwe wieder zurück. Ich hatte ein sehr schlechtes Gefühl. Was passiert noch?

Ich bat um ein Gespräch. Das Gespräch war alles andere als schön. Es wurde alles schöngeredet und natürlich war Uwe schuld.

Ich mag gar nicht auf die Details eingehen. Es war schlimm. Wie konnten diese Menschen, die hier arbeiteten, so ignorant sein? Macht das das mit einem Menschen, der hier arbeitet?

Ich kann das nicht akzeptieren. Ich schrieb eine schriftliche Beschwerde an die Geschäftsleitung, an den medizinischen Dienst und die Krankenkasse.

Nun war mir so klar, Uwe muss nachhause. Es war Freitag. Wie soll ich das schaffen? Ich brauchte ein Pflegebett, Pflegemittel, aber das Wichtigste war Hilfe! Ich rief alle Pflegedienste an. Ich hatte Glück und fand eine, die uns helfen wollte. Da ich einen Bekannten hatte, der in einem Sanitätshaus arbeitete, rief ich ihn an und bat um Hilfe.

Er konnte uns tatsächlich helfen. Brachte uns ein Pflegebett, einen Personenlift und alles andere, was wir noch brauchten. Ich war glücklich. Uwe konnte nachhause. Ich unterrichtete die Einrichtung. Die waren entsetzt und wollten mich davon überzeugen, dass es besser wäre, wenn er bleiben würde. Aber nein, meine Entscheidung stand fest.

Morgen holen wir Uwe ab!

Ich war aufgeregt. Ich erzählte Uwe, dass er morgen nun nachhause kommt. Er weinte, ich weinte. Wir hielten uns in den Armen und ließen uns nicht mehr los.

Ein neues Kapitel

Es war so weit, heute hole ich Uwe nachhause

Volker und Sabine waren mal wieder an unserer Seite und halfen uns. Ich fuhr früher, damit ich Uwe zu Hause im Empfang nehmen kann.

Da kamen sie. Ich sah Uwe am Fenster im Auto.

Ich lief zu ihm. Er lachte und weinte, alles gleichzeitig. Wir alle lachten und weinten.

Sabine erzählte, dass Uwe lachte, als sie von der Autobahn heruntergefahren sind. Uwe hatte erkannt, wo er war und realisierte, dass er nachhause kommt.

Wir brachten Uwe rein und Barni flippte total aus. Uwe war glücklich, das sah man deutlich. Wir versorgten Uwe und brachten ihn in sein Bett. Barni sprang zu Uwe ins Bett und beide schliefen ein.

Das war geschafft. Wie geht es weiter? Schaffen wir es?

Am nächsten Morgen kamen der Pflegedienst und ein Arzt.

Sie machten sich einen Eindruck und versprachen mir, zu helfen. An meiner Seite zu sein. Ich habe Namen bekommen, wo ich noch andere Hilfsmittel, wie Windeln und Nahrung für seine PEG bekommen konnte. Auch das war schnell und reibungslos erledigt.

Auch Therapeuten kamen zu uns nachhause. Alles lief ganz gut und Uwe machte kleine Fortschritte. Aber viel mehr merkte man, dass Uwe glücklicher war.

Es war nun alles anders und für mich auf der einen Seite etwas leichter. Ich brauchte nicht mehr so viel Zeit, um zu dir in die Einrichtungen zu fahren. Das half mir, da ich wieder mehr Zeit für meine Arbeit hatte. Denn meine Arbeit war ja auch noch da. Meine Mitarbeiter waren großartig. Sie hielten mir immer noch den Rücken frei. Wie soll ich das jemals wiedergutmachen?

Es war klar, dass ich aber jemanden brauche, der bei Uwe ist, wenn ich nicht zu Hause bin. Also suchte ich nach einer Pflegekraft, die stundenweise zu uns nachhause kommt.

Es waren einige Bewerber da. Aber bei einer war Uwe entspannt und lächelte. Für mich war klar, sie ist es.

Und tatsächlich. Diese Frau, Sabine, war ein Segen. Wir verstanden uns sofort und wurden uns einig. Sabine war Pflegerin und hatte auch noch vor nicht allzu langer Zeit ihren Mann gepflegt.

Also eine Fachkraft und dazu ein toller Mensch. Sie konnte mit Uwe super umgehen.

Es sollte nun alles ruhiger werden und wir sahen positiver in die Zukunft.

So ging es auch einige Wochen. Mal mit Höhen, mal mit Tiefen.

Barni wich Uwe nicht mehr von der Seite. Ich konnte auch öfter mit Uwe spazieren gehen. Bei schönem Wetter konnten wir im Garten sein. Wir bekamen öfter Besuch von Uwes Freunden.

So vergingen die Tage. Die Wochen und Monate.

Es gab viele Momente, in denen ich völlig k.o. war. Ich hatte ziemlich starke Rückenschmerzen. Auch wenn Uwe abgenommen hatte, war er doch ein großer und schwerer Mann. Die Pflege war nicht einfach. Ich musste auch in Behandlung und starke Schmerztabletten nehmen. Aber es ging immer weiter.

Sabine und Volker waren so oft wie möglich da und halfen uns.

Aber Uwe machte irgendwann keine Fortschritte mehr. Eher wurde sein Gesundheitszustand schlechter.

Der Arzt untersuchte Uwe und wurde ernst.

Er meinte, dass ich damit rechnen müsse, dass Uwes Zustand schlechter wird. Das war völlig natürlich in Uwes Situation und wir mussten damit rechnen. Aber ich hatte diesen Gedanken weit weg von mir geschoben. Ich wollte mich damit nicht auseinandersetzen.

Aber nun musste ich ...

Das letzte Kapitel

Von unserem Leben,
Uwes Leben ...

Wie jeden Morgen komme ich zuerst zu dir. Versorge dich und trank bei dir meinen Kaffee.

Aber heute war alles anders.

Als ich dir deine Medikamente geben wollte, schlugst du mir diese aus meiner Hand. Ich war verwundert, denn das hast du noch nie gemacht. Ich muss dazu sagen, dass Uwes körperliche Einschränkungen sehr groß waren. Uwe konnte sich vom Kopf her fast nicht mehr bewegen. Aber seinen linken Arm konnte er noch gut bewegen. Ich fragte Uwe, warum er das macht. Keine Reaktion. Ich hängte Uwe Nahrung an. Aber auch diese schlug er mir aus der Hand! Ich sah Uwe an und eigentlich wusste ich, was er mir mitteilen wollte. Uwe nahm seine Decke und legte diese über sein Gesicht. Ich nahm sie weg und ich fragte Uwe: „Du willst nicht mehr?" Uwe weinte, ich auch.

Ich habe Uwe immer gesagt, dass er mir ein Zeichen geben soll, wenn er irgendwann nicht mehr kann und will. Ich habe Uwe versprochen, dass ich ihm helfe. Wie wusste ich nicht, aber ich wusste, ich helfe.

Ich erzählte dem Pflegedienst von Uwes Verhalten. Sie verstand und teilte es dem Arzt mit.

Es ist in Deutschland ein schwieriges Thema. Sicher ein kontroverses Thema. Darauf möchte ich gar nicht eingehen. Ich weiß auch, Sterbehilfe darf nicht sein und ist nicht erlaubt. Sicher zurecht. Ich hatte mich auch natürlich in der Vergangenheit intensiv darüber informiert.

Der Arzt kam zu uns und wir überlegten, ob Uwe nun lieber ins Hospiz gebracht werden sollte. Aber Uwe wollte nicht, das war klar. Auch gab es nirgends einen Platz im Hospiz. Alle waren voll und hatten eine Warteliste.

Ich hatte im Voraus eine Hospizhilfe und einen Hospizarzt für uns gefunden. Ich rief sie an.

Sie kamen auch. Ich unterrichtete sie über Uwes Verhalten. Der Arzt und auch die Hospizhelfer unterhielten sich mit Uwe allein. Beide waren davon überzeugt, dass es Uwes unbedingter Wunsch sei, nicht mehr so weiterzuleben.

Somit begann der Moment Uwe zu helfen. Ich war natürlich zutiefst traurig, aber ich verstand Uwe und dass dieser Tag kommen wird, wusste ich.

Ich unterrichtete Uwes Schwester Sabine, Volker und Freunde und Familie.

Nun war ich den ganzen Tag nicht mehr allein. Der Pflegedienst, die Hospizhelfer, der Arzt, irgendwer war immer anwesend.

Meine Haustür stand von nun an offen für alle.

Alle Freunde und Uwes Familie kamen zu uns. Elvira, eine der engsten Freundinnen von Uwe, kam sofort. Sie hatte sich sehr viel Zeit mit Uwe allein genommen. Sie nahm Abschied. So herzzerreißend.

Wir lachten und weinten zusammen. Hörten mit Uwe seine Lieblingsmusik. Rund um die Uhr war jemand bei Uwe.

Ich glaube bis heute, dass das genau so richtig war.

Alle hatten die Möglichkeit, sich von Uwe zu verabschieden oder auch nicht. So wie es jeder für richtig hielt und wollte.

Uwes Zustand wurde immer schlechter. Uwe bekam schwere Medikamente, damit er keine Schmerzen hatte.

Samstag, 28.10.2017

Ich hatte am Freitagabend alle nachhause geschickt. Der Arzt meinte zu mir, dass Uwe wohl die Nacht nicht überleben wird.

Die letzten Stunden wollte ich mit Uwe allein sein. Ich schloss meine Tür. Niemand kam mehr rein und es haben auch alle verstanden.

Wir waren allein, allein mit uns.

Ich legte mich zu Uwe ins Bett und Barni lag unter dem Bett von Uwe. Dort wich Barni schon lange nicht mehr von Uwes Seite.

Wir hörten leise Musik und waren nur mit uns. Ich teilte Uwe noch meine Gedanken mit, meine Liebe zu ihm. Aber es war auch alles gesagt. Wir hielten uns an den Händen. Uwes Atmung wurde immer leiser, flacher. Um 8:50 Uhr holte Uwe dann das letzte Mal tief Luft, weinte und sah mich noch kurz an und schlief dann für immer ein ...

Ich war noch lange bei Uwe und nahm Abschied ...

Nun brach ich zusammen, ich weinte hemmungslos ...
Aber ich musste nun noch ein wenig stark sein.
Ich unterrichtete nun alle ...
Meine Kinder sind sofort zu mir gekommen.
Der Pflegedienst und das Hospiz kam.
Der Pflegedienst und ich machten Uwe fertig. Wuschen ihn und zogen Uwe seine Lieblingskleidung an. Ich pflückte noch eine Blume im Garten und gab sie Uwe in die Hand.
Alles wie ein ferngesteuerter Roboter.
Uwe lag nun im Zimmer nebenan. Wer mochte, verabschiedete sich noch einmal von Uwe.
Wir saßen alle zusammen. Weinten und sprachen über Uwe. Wir erzählten uns Anekdoten und lachten sogar manchmal.
Das Beerdigungsinstitut war informiert und wir warteten auf sie. Als der Amtsarzt kam, hatte ich Angst. Da Uwe zu Hause verstorben war, machte ich mir Gedanken. Denkt er etwa, ich habe nachgeholfen?
Aber nein, völliger Blödsinn. Aber meine Nerven spielten verrückt.
Der Amtsarzt war sehr nett. Las sich die Berichte durch und war erstaunt, wie ich das so lange geschafft habe. Uwe es geschafft hat!
Er unterschrieb den Totenschein und wünschte mir alles Gute.
Als das Beerdigungsinstitut kam, konnte ich nicht mit ansehen, wie Uwe abgeholt wurde. Ich ging nach oben. Meine Kinder kümmerten sich.
Irgendwann waren dann alle weg. Nur mein jüngerer Sohn blieb bei mir. Das war auch gut so.

Die Beerdigung

Ich hatte eine großartige Frau vom Beerdigungsinstitut. Sie kam mehrmals zu mir. Unterhielt sich intensiv mit mir, Freunde und Familie.

Alles war geregelt.

Morgens vor der Beerdigung war ich gefasst. Ich hatte keine Tränen mehr.

Meine Kinder fuhren mit mir zur Beerdigung. Der Raum war so schön, wenn man das so sagen kann, fertiggestellt. Es waren viele Gegenstände, die für Uwe stehen und wichtig waren. Altes Fahrrad, Boschmännchen und Zündkerzen. Alles war so hergerichtet, als wären wir im Wald. Auch Uwes Urne.

Die Rede von der Bestatterin war wunderbar und spiegelte Uwe wider.

Ich sollte auch etwas sagen. Ich wurde etwas überrumpelt. Ich sagte etwas, aber an meine Worte kann ich mich nicht mehr erinnern.

Wir fuhren alle in den Friedwald. Es waren so viele Menschen. Uwe war sehr beliebt. Von überall her kamen Freunde und Bekannte. Auch der DKW-Club war da. Sie hatten ihre Autos geschmückt und standen Spalier. Sogar mein Team war geschlossen da.

Wir fuhren danach in ein nahegelegenes Hotel und nahmen auch dort noch einmal alle zusammen Abschied. Es gab Bratkartoffeln. Das war über viele Jahre Uwes Markenzeichen. Diese machte Uwe immer bei seinen Männerabenden. Oder sie aßen Currywurst mit Pommes, Ketchup und Mayonnaise.

Aber auch dieser Tag war dann irgendwann zu Ende.

Nun war es unwiderruflich, Uwe kommt nie wieder ...

Ich fuhr nun fast täglich zu Uwe in den Wald. Sein Baum war immer von der Sonne hell erleuchtet. Daher hatte ich diesen Baum ausgesucht.

Bis heute fahre ich regelmäßig zu Uwe. Nicht mehr fast täglich, aber oft.

Uwes Freunde, Biene und ich treffen uns immer an seinem Geburtstag, dem 03.12., bei Uwe. Wir machen seine Lieblingsmusik an und trinken einen Pilavas. Uwes Lieblingsschnaps bei den Männerabenden.

Das ist ein sehr schönes Ritual. Danach fahren wir ins Restaurant in Breitenfelde bei Mölln und essen Currywurst mit Pommes, Ketchup und Mayonnaise. Bis heute ...

Am 28.10.2023 sind es nun sechs Jahre ohne Uwe. Aber Uwe ist immer noch in meinem Herzen. Ich werde Uwe niemals vergessen. Ich bin auch immer noch traurig und vermisse Uwe. Aber ich bin auch so dankbar, für die Zeit, die wir hatten. Auch wenn sie kurz war und die letzten 1,5 Jahre schwer waren.

Aber die ersten 1,5 Jahre haben wir uns geliebt und ein Leben auf der Überholspur gelebt. Wir haben in der kurzen Zeit so viel erlebt, wie viele nicht in ihrem ganzen Leben.

Dankbar, dass ich Uwe kennengelernt habe, mit ihm gelebt und ihn geliebt habe.

Wo auch immer du bist Uwe, du bist immer bei und in uns ...
in Liebe

Muck
(S. Cihak)
Lebensgefährtin

HERZ FÜR AUTOREN A HEART FOR AUTHORS À L'ÉCOUTE DES AUTEURS MIA ΚΑΡΔΙΑ ΓΙΑ ΣΥΓΓΡ
HJÄRTA FÖR FÖRFATTARE UN CORAZÓN POR LOS AUTORES YAZARLARIMIZA GÖNÜL VERELIM SZÍ
PER AUTORI ET HJERTE FOR FORFATTERE EEN HART VOOR SCHRIJVERS TEMOS OS AUTC
HERZÖINKÉRT SERCE DLA AUTORÓW EIN HERZ FÜR AUTOREN A HEART FOR AUTHORS À L'ÉCOU
DRAÇÃO ВСЕЙ ДУШОЙ К АВТОРАМ ETT HJÄRTA FÖR FÖRFATTARE Á LA ESCUCHA DE LOS AUTOI
AUTEURS MIA ΚΑΡΔΙΑ ΓΙΑ ΣΥΓΓΡΑΦΕΙΣ UN CUORE PER AUTORI ET HJERTE FOR FORFATTERE EEN I
YAZARLARIMIZA GÖNÜL VERELIM SZÍVÜNKET ZÖINKÉRT SERCE DLA AUTORÓW EIN HERZ FÜF
VOOR SCHRIJVERS TEMOS OS AUTORES CORAÇÃO ВСЕЙ ДУШОЙ К АВТОРАМ ETT HJÄRTA FÖI

Die Autorin

Muck Cihak wurde 1961 in Hamburg geboren,
absolvierte sowohl mehrere Ausbildungen als auch
ein Psychologie- und Pädagogik-Studium. Sie ist
selbstständig und engagiert sich bereits seit über
30 Jahren in verschiedenen sozialen Bereichen.
Gemeinsam mit ihrer großen Liebe Uwe hat
Frau Cihak viel erlebt und neue Orte und Dinge
kennen und lieben gelernt. Auf ihre zwei Kinder
kann sie sich immer verlassen, ebenso auf ihre
zahlreichen Freunde.

Mit ihrem Erstlingswerk „Uwe" gibt Muck Cihak
den Leser:innen einen sehr persönlichen Einblick
in eine der wohl herausforderndsten Zeiten ihres
Lebens. Sie möchte anderen Betroffenen zeigen,
dass sie nicht allein sind, auch wenn es sich manchmal vielleicht so anfühlt. Ihr starker Wille, nicht
aufzugeben und ihre Liebe zu Uwe spornen sie an,
immer weiterzumachen.